O Caminho da **Sabedoria**

N. Sri Ram

O Caminho da **Sabedoria**

Tradução: Gisele Cunha

EDITORA
TEOSÓFICA

The Theosophical Publishing House
Adyar, Chennai, Índia
Ed. 1989

EDITORA TEOSÓFICA
SIG Quadra 6, Nº 1235
70.610-460 - Brasília-DF - Brasil
Tel.: (61) 3322.7843
WhatsApp: 61 98613.4906
E-mail: editorateosofica@editorateosofica.com.br
Site: www.editorateosofica.com.br
Instagram: @editorateosofica

R165 Sri Ram, N.

O Caminho da Sabedoria, N. Sri Ram; Brasília: Editora Teosófica, 2ª ed., 2025. Tradução: Gisele Cunha.
216 p.

Título original: The way of wisdom

ISBN 978-857922227-6
1. Teosofia I. Cunha, Gisele II. Título

CDU 141.332

Revisão: Valéria Marques de Oliveira e Usha Velasco
Diagramação e capa: Usha Velasco
Impressão: Gráfika Papel e Cores (61) 4141-0022
E-mail: comercial@grafikapapelecores.com.br

Sumário

Prefácio da edição brasileira

Nilakanta Sri Ram, o quinto presidente internacional da Sociedade Teosófica, foi um dos mais sábios e inspirados líderes teosóficos de todos os tempos. Um homem simples, cuja aura de santidade era facilmente percebida por todos aqueles que tiveram a oportunidade de estar em sua presença.

Autor de diversos livros publicados pela Editora Teosófica, tratando de temas muito profundos e relacionando-os sempre ao viver diário, nesta obra tece comentários sobre os clássicos da literatura teosófica *Aos Pés do Mestre*, *Luz no Caminho* e *A Voz do Silêncio*, assim como sobre a tradicional obra *Bhagavad-Gitā*, da literatura milenar indiana. Não são comentários exaustivos, mas uma reunião de anotações de palestras e conversas com estudantes na Escola de Sabedoria, que acontece tradicionalmente em Adyar, na sede internacional da Sociedade Teosófica.

O leitor poderá ver por si mesmo como estes textos clássicos e de grande profundidade ganham vida com a sabedoria manifestada por Sri Ram, e se aplicam de maneira ainda mais ampla e profunda a todos aqueles que se interessam em trilhar o caminho espiritual, fazendo de sua própria vida uma fonte de iluminação.

O texto preciso, claro e leve, permite mergulhos profundos nas pérolas de sabedoria contidas nos ensinamentos espirituais presentes nas obras-primas comentadas neste livro e permite ao estudante dedicado extrair mais e mais significados destes textos sagrados.

É com grande satisfação que a Editora Teosófica disponibiliza ao público da língua portuguesa mais esta obra do já conhecido e apreciado Sri Ram, proporcionando material de estudo e meditação para todos aqueles que almejam transformar o mundo transformando a si mesmos.

Boa leitura! Bom estudo!

Marcos Luís Borges de Resende
Diretor da Editora Teosófica

Nota do Editor

Este livro é nossa homenagem a um gentil filósofo e grande professor, no centenário de seu nascimento. É composto por transcritos não revisados de conversas entre o Sr. N. Sri Ram, presidente da Sociedade Teosófica (1953-73), e estudantes da Escola de Sabedoria de Adyar,[1] em diferentes ocasiões, durante os anos de 1956 a 1964. Ele falou sobre os ensinamentos dos três pequenos clássicos teosóficos – *Aos Pés do Mestre*,[2] *Luz no Caminho*[3] e *A Voz do Silêncio*[4] – e sobre a *Bhagavad-Gitā*.[5] Não era sua intenção comentar em detalhes os livros ou cobrir todos os aspectos das verdades neles apresentadas. As conversas destinavam-se apenas a despertar uma consciência mais profunda e iniciar uma investigação.

Como essas conversas não eram contínuas, mas espalhadas ao longo de alguns anos, e como lidavam com os mesmos assuntos, poderia necessariamente ter havido repetições, se cada uma tivesse sido impressa separadamente na sua totalidade. Elas foram reunidas e editadas apenas o suficiente para evitar isso, e não foi feita nenhuma tentativa de forçá-las em uma ordem contínua e sequencial. Algumas sobreposições foram inevitáveis, mas é interessante

1 Sede internacional da Sociedade Teosófica, Chennai, Índia. (Nota Ed. Bras.)

2 KRISHNAMURTI, J. *Aos Pés do Mestre*, Brasília: Editora Teosófica, edições de luxo (2021) e de bolso (2010). (Nota Ed. Bras.)

3 COLLINS, Mabel. *Luz no Caminho*, Brasília: Editora Teosófica, edições de luxo (2021) e de bolso (2020). (Nota Ed. Bras.)

4 BLAVATSKY, H. P. *A Voz do Silêncio*, Brasília: Editora Teosófica, edições de luxo (2022) e de bolso (2020). (Nota Ed. Bras.)

5 *Bhagavad-Gitā*, tradução de Annie Besant, Brasília: Editora Teosófica, edições de luxo (2022) e de bolso (2014). (Nota Ed. Bras.)

e instrutivo ver como a mesma ideia foi apresentada de várias formas diferentes.

Nenhuma conversa sobre o terceiro fragmento de *A Voz do Silêncio* foi encontrada. Apenas conversas sobre os dois primeiros fragmentos foram incluídas.

O Caminho da Sabedoria representa o trabalho de amor empreendido pelo Sr. John Clarke, editor responsável pelas publicações da Theosophical Publishing House.

Adyar, 15 de dezembro de 1989.

Aos Pés do Mestre

Os ensinamentos contidos em *Aos Pés do Mestre* foram dados a um jovem; naturalmente, foram redigidos de uma forma simples, capaz de evocar a apreciação de mentes intocadas, sem instrução.

Geralmente pensamos que apenas o que é complicado é importante e profundo; se algo é simples, pensamos tratar-se de lugar comum, insignificante, e assim falhamos em compreender o verdadeiro significado subjacente. Mas, por mais simples que sejam esses ensinamentos, caso seguidos, podem abrir nossa natureza a percepções da verdade das quais não tínhamos ideia anteriormente. Nossa natureza precisa ser desenvolvida de dentro para fora e, quando isso acontece, somos transformados. Começamos a ter uma visão da natureza, da vida, e de tudo o mais que nos interessa, tão ampla quanto o céu, contendo profundas belezas que não poderíamos ter imaginado antes.

Diz-se que cada um precisa descobrir a verdade por si mesmo, e isso é, sem dúvida, verdadeiro. "De mim mesmo e por mim mesmo descobri a verdade", declarou o Senhor Buddha. Qual seria, então, o papel de um verdadeiro professor? Quando alguém é jovem, certamente precisa ser ensinado; você não pode dizer a uma criança que descubra a verdade por si mesma. Ela precisa ser ensinada sobre aquilo que é correto; precisa aprender a ser atenciosa, a ter boas maneiras. E esses ensinamentos precisam ser colocados para ela de forma que façam um apelo direto, imediato ao seu sentido do que seja certo e errado. Existe tal instinto em todo ser humano, antes do mundo estreitar seu controle sobre ele.

Uma criança é chegada à sua mãe; é dela que obtém sua nutrição, com ela aprende certas verdades simples — e, mais tarde, com o professor, que é como sua mãe e de quem, por assim dizer, ela obtém o leite do conhecimento. Mas, quando cresce, precisa descobrir por si mesma a verdade em uma medida mais profunda. Precisa se aprofundar no significado das coisas, atravessar novamente o terreno sobre o qual sua mãe e seu professor a conduziram e descobrir sua natureza por si mesma. Ela precisa aprender, e explicar para a própria mente, a verdade que talvez tenha percebido intuitivamente — o significado interno da verdade, em contraposição à sua forma.

Então vem o terceiro estágio, no qual seu objetivo e orientação se tornam similares àqueles de quem ela considera como guias. Se uma pessoa é puramente altruísta, seu único objetivo na vida é levar toda bênção possível não apenas àqueles com os quais ela está associada, mas a todos os seres; então, ela entra em um estado de comunhão interna com eles. A mesma corrente permeia a todos e, por causa da identidade de interesses ou da forte afinidade que se desenvolve entre eles, torna-se possível, como exposto por J. Krishnamurti, viajarem juntos.

O relacionamento entre o verdadeiro Mestre e o seu aluno, ou aquele que é seu colaborador, é do mesmo tipo. Existe a possibilidade de certa mistura de correntes quando ambos possuem uma natureza tão pura que não há resistência à natural identificação de um com o outro. Assim, embora existam duas correntes, uma vez que eles possuem a mesma qualidade, são como se fossem um. Essa é a mistura de consciência ou natureza de dois indivíduos que possuem, em si, o mesmo Espírito em desenvolvimento. O relacionamento entre o Mestre e seu aluno não é de dominação de um lado e subserviência de outro, mas uma relação na qual existe uma viagem conjunta para a grande expansão da verdade.

Aos Pés do Mestre trata dos primeiros estágios onde o aluno está "sentado" perto do Mestre. Esse é o significado de *Upanishad*: *upa* significa "perto" e *shad*, "sentado". Nesse estágio, certas intuições são manifestadas; a verdade não é discutida ou demonstrada. Há apenas uma declaração dirigida ao aluno, que é capaz de acolhê-la tão fácil e docemente como um bebê acolhe o leite da sua mãe. O livro não mostra como descobrir a verdade, não fala sobre consciência, ganância, ambição e liberdade. Um menino não está preocupado com essas coisas, mas se você diz a ele para se comportar bem, já que ele é um bom menino, ele compreenderá imediatamente o que é bom. Esse ensinamento é endereçado a esse tipo de mente e de natureza, e é extremamente prático – portanto, é valioso para todos nós.

As qualidades que aqui são apresentadas para percorrer a Senda seguem os princípios da Índia antiga, mas com algumas diferenças. A mais notável dessas diferenças é que, em vez de "desejo de libertação" – que é usualmente dado como a quarta das qualidades –, ele fala de "amor". Na superfície, são muito diferentes. Desejo de libertação é um intricado conceito metafísico. O que é libertação? Quem é liberto? Como isso acontece? Mas todos entendem, de sua própria maneira, o que é o amor. O livro varre para o lado argumentos estéreis e expõe a natureza do amor em termos práticos, de forma a não haver qualquer possibilidade de equívoco.

A primeira dessas qualidades – discernimento – é necessária em cada etapa da vida; geralmente fala-se dela como discriminação entre o Real e o irreal. A questão de realidade sempre foi objeto de elaboradas dissertações na Índia; um professor difere do outro e existem muitos livros que tratam do assunto. Sustenta-se que o mundo é uma ilusão, que a realidade não é encontrada no fenômeno, que é apenas subjetiva. Pode haver muita discussão sobre isso e, muito frequentemente, quanto menos se entende, mais se discute.

De acordo com *Aos Pés do Mestre*, o irreal reside naqueles caminhos que um homem inventa para si como agradáveis, diferentes do plano da Natureza, que é evolução. Ele pensa que isso ou aquilo o fará feliz, e no início o faz. Mas se ele sucumbe às suas seduções, isso o levará à decepção e ao pesar, pois não é aquilo que ele pensava que seria. O mundo está repleto dessas tentações e decepções.

A palavra "Deus" é frequentemente usada nesse livro e, por isso, algumas pessoas pensam que ele não pode ter sido inspirado pelo Mestre K.H., que escreveu uma carta inteira refutando essa ideia. Mas o que é refutado é a ideia de um Deus pessoal – uma entidade consciente à parte do Universo, que decreta o que deve ser, como as coisas são ordenadas, o que o homem deve sofrer, e assim por diante. Aqui não há discussão sobre a natureza de Deus, pois isso não auxiliaria uma mente jovem. O que encontramos nessa primeira seção é a afirmação de que "todos são um, e (...) portanto, apenas o que seja da vontade do Uno pode realmente ser agradável para qualquer pessoa". Somente ao se aproximar do final do livro é que a palavra *Logos* aparece, e Vontade, Sabedoria e Amor são apontados como os seus três aspectos.

A distinção entre o Real e o irreal é explicada em termos de certo e errado, importante e desimportante, útil e inútil, verdadeiro e falso, egoísta e altruísta. Algumas pessoas podem achar isso muito simples; elas querem algo que pensam que alongará seus músculos mentais. Isso significa que elas somente leram a passagem superficialmente, sem compreender o quanto é prática.

Para começar, uma distinção importante é feita entre o homem real e as suas três naturezas "inferiores" – o físico, o astral e o mental. Claro, o termo "homem real" não é usado, porque provocaria a pergunta: o que é o homem real? Há muita sabedoria em fazer uma colocação simples sem conduzir a todo o tipo de pensamentos confusos. Em essência, essa distinção é a mesma encontrada no ensinamento Vedanta. Sri Śankarāchārya, em *A Joia Suprema da Sabedoria*, fala do Eu como distinto do não-Eu, e diz que a ignorância reside, em última análise, na identificação de um com o outro. Mas o que é o Eu e o que é o não-Eu?

Um homem tem posses e uma posição na vida; ele pensa nelas como suas, ou seja, ele se identifica com elas. Mas isso é uma ilusão, pois ele, o Ego (que é um fluxo de consciência), nada possui, e não pode, por conta de sua própria natureza, nada possuir. Toda ideia de posse é totalmente artificial. Um homem sábio não pensa em suas posses como suas, mas como um crédito a ser usado com responsabilidade.

Similarmente, precisamos parar de nos identificar com nossos corpos. Mesmo que não pensemos no corpo como nós mesmos –

que é o pensamento de uma criança, ou daqueles que sustentam uma visão materialista da vida como produto da matéria –, podemos pensar que o corpo é nosso para usar. A nossa identificação com as necessidades e as condições do corpo precisam ter um fim. O ocultista – o homem que está tentando seguir a Senda – precisa aprender a considerar o corpo apenas como um instrumento. Isso parece simples, mas quantos de nós concretizaram essa ideia de uma maneira prática?

O *Hatha Yoga* ensina certos exercícios – concentração em determinados centros do corpo, respiração –, todos com o objetivo de obter domínio sobre esse instrumento. Em casos extremos isso assume a forma de autotortura. Em livros indianos lemos sobre pessoas que imergiram em água a fim de meditar, ou ficaram apoiadas sobre suas cabeças por alguns anos, ou estiveram tão envolvidas em sua meditação que formigueiros cresceram ao redor de seus corpos. É claro que não precisamos levar tudo isso tão literalmente.

Em *Aos Pés do Mestre* o corpo é comparado a um cavalo que deve ser tratado gentilmente, ser bem cuidado e mantido em boas condições. Tudo isso é muito sensato. O ensinamento dado é evitar, de um lado, o ascetismo vaidoso e as austeridades tolas, e, de outro, a autoindulgência e o descuido em ceder aos prazeres: "É sempre você que deve controlar aquele corpo." No momento em que o condutor deseja ir a algum lugar, o cavalo precisa estar pronto para levá-lo. Similarmente, quando algo precisa ser feito, não deveríamos ceder à preguiça e à indolência, ou a qualquer tipo de indulgência. Isso parece ser simples, mas quando tentamos realizá-lo, descobrimos que não é bem assim. O Mestre K.H. diz, em uma de suas cartas,[6] que uma coisa que é negada ao ocultista é a menor partícula de autoindulgência. Quantos de nós, portanto, estão aptos a serem ocultistas? Todos nós cedemos à inércia e à força do hábito, e não possuímos a vontade para rompê-las.

---

6 *Cartas dos Mahatmas a A. P. Sinnett*, transcritas e compiladas por A. T. Barker, Volumes I e II, Brasília: Editora Teosófica, 2021 e 2017. (Nota Ed. Bras.)

É interessante notar que Krishnamurti nunca disse: faça isso ou aquilo. Ele simplesmente tenta explicar a verdade ou a falsidade de uma ideia ou abordagem em particular. Ele nos pergunta se alguma vez nós tentamos "morrer" para os nossos prazeres. Se possuímos o hábito de fumar, alguma vez tentamos abandoná-lo imediatamente, de uma vez por todas? Ele não diz: abandone-o. Apenas: você tentou? Precisamos deixar de ser dominados pelos hábitos do corpo e da mente. Falando estritamente, é a mente que decide se concordamos com o corpo ou não. H.P.B. disse que nunca é o corpo que peca, pois ele trabalha de uma forma elemental, mecânica — a falha reside no *Kāma-Manas*.

Similarmente, precisamos deixar de nos identificar com nossas emoções. Na própria estrutura dessa afirmação há a suposição de um "eu" à parte das emoções. É muito difícil nos separarmos das emoções; nós criticamos os outros, nos rebelamos, nos sentimos irritados, somos antagonistas e assim por diante. Podemos nesses momentos nos separar das emoções, percebendo que elas não são nossas? Pode ser difícil, mas, se o conseguirmos, as emoções perderão sua força imediatamente. Elas são fenômenos que ocorrem no campo da nossa natureza, mas, se nos afastamos delas, já não estamos mais sob o seu domínio. Isso pode soar muito simples, mas não estamos interessados em levar a cabo esses ensinamentos simples. Queremos estímulo intelectual, queremos armazenar ideias, reunir material para palestras e assim por diante.

Muitos concordarão que não somos nossas emoções. Ainda assim, a mente julga e diz que as emoções são justificadas. Por exemplo, quando uma pessoa tem inveja, ela pensa ter razão em sentir isso, porque a ela foram negadas oportunidades que outras pessoas tiveram. A mente, em sua autojustificação, é como um advogado em uma corte; ela pode construir um caso a favor ou contra qualquer coisa, e sempre se entrega a apelos especiais. Mas a mente é influenciada por emoções. Como ela pode, sob várias pressões e movida por emoções, decidir se essas emoções devem ou não ser justificadas? A verdade disso só pode ser compreendida se a própria pessoa chegar a ela, e não simplesmente a obter de alguém.

Aos Pés do Mestre menciona raiva, inveja, ganância, ciúme e depressão como emoções com as quais nós, em nossa ignorância, nos identificamos. Essas emoções são, em sua natureza, elementais, pois elas pertencem àquela parte de nós que aprecia vibrações violentas. Nós permitimos esses sentimentos porque gostamos deles. Ciúme é torturante, mas existe um prazer secreto em ser ciumento, e procuramos essas coisas que aumentam a dor. Por exemplo, uma pessoa acredita que alguém de quem gosta não está interessado nela, mas sim em outra pessoa; assim, busca de todas as maneiras possíveis a confirmação disso, ou se entrega à autopiedade. Quando ela se imagina como vítima das circunstâncias ou de outras pessoas, encontra, nesses pensamentos, algo satisfatório e consolador. A palavra vibrações é usada em relação às emoções para indicar que elas possuem certa qualidade mecânica, igual ao corpo físico. Assim, ela aprecia vibrações violentas, não as mornas e fracas.

Então temos a mente, cuja natureza é separatividade. Diz-se que ela é dada ao orgulho, egoísmo, ambição e instabilidade. Novamente, em nossa ignorância, nos identificamos com a mente, mas o livro ressalta: você não é a mente. Isso é difícil de perceber, pois, se não somos a mente, o que somos? Essa questão não é apresentada no livro, exceto em um contexto, onde ele diz: "Você é uma centelha do próprio fogo de Deus." E isso parece levantar a questão.

Devemos nos lembrar de que esses ensinamentos eram endereçados a uma mente muito jovem, e a esse jovem foi deixado descobrir o que é o verdadeiro "Eu". Isso não pode ser obtido através de qualquer pesquisa ou questionamento, mas pode ser conhecido pela intuição. Embora existam livros eruditos sobre o Eu e a sua natureza, é preciso chegar à verdade pelo caminho da intuição, dentro de si mesmo. Pensamos saber o que é o Eu atribuindo a ele certas qualidades, mas mesmo que existam boas bases para tais atribuições, isso não corresponde ao verdadeiro conhecimento.

Existem muitas escolas de pensamento na Índia que divergem na questão do Eu. De acordo com uma escola, *Purusha*, o Espírito, é inteiramente passivo, um mero espectador; é como um ímã que coloca em movimento várias correntes, mas que permanece no centro, inteiramente inalterado. *Purusha* possui tudo, mas é fraco; ele está montado nos ombros de *Prakriti* (a Natureza em geral), que precisa carregá-lo. Outra escola diz que *Purusha* é a energia que a tudo penetra e que, ao mesmo tempo, move uma infinidade de coisas. Existem discussões de ambos os lados: o Eu tem atributos, o Eu não tem atributos; o Eu é separado de Deus, o Eu é um com Deus; o Eu é como Deus em sua natureza.

Talvez um teósofo não devesse tomar qualquer partido nas discussões, mas se manter livre e aberto. Ele deveria considerar tudo e não chegar a uma conclusão fixa sobre essas questões, pois não está em posição de fazê-lo. Platão frequentemente fazia uma afirmação, colocava-a em forma de alegoria e terminava com as palavras "isto, ou algo parecido com isto, é a verdade". Ou seja: nesses assuntos não devemos nos fixar em uma posição absoluta, do contrário ficaremos presos ali, incapazes de considerar outros possíveis pontos de vista e de nos aproximar mais da verdade.

Existem muitas passagens na primeira seção desse livro que demandam uma consideração mais cuidadosa. "Entre o bem e o mal, o Ocultismo não admite compromissos. Custe o que custar, deves fazer o bem e nunca o mal." Isso parece difícil de realizar, porque o que é certo? Surgem divergências nesse ponto. Usualmente o que é agradável é entendido como certo, mas um dos *Upanishads* aponta: "O sábio prefere o certo ao agradável." Numa análise final, o certo é uma questão de julgamento intuitivo. A mente pode produzir toda espécie de autojustificativas. As pessoas podem argumentar inteligentemente sobre algo que parece estar completamente errado. A crueldade de diferentes tipos foi defendida com bases imaginárias. Aquilo que convém pessoalmente às pessoas as influencia a determinar o que é certo. Outras transformam tudo o lhes é conveniente em uma questão de princípio inalterável.

Aos Pés do Mestre, muito sabiamente, diz: "Cede sempre aos outros em coisas de somenos importância." Mas novamente a pergunta é: o que importa e o que não importa? Precisamos ter discernimento e julgamento; podemos ir demasiado longe ao ceder, porque essa é a linha de menor resistência. Uma pessoa se impõe sobre você e quer se envolver em discussões cansativas. É possível ceder e dizer "sim, você está certo", e deixar que ela prevaleça porque é conveniente não se deixar perturbar. Por outro lado, ceder aos outros é uma forma de consideração, a base das boas maneiras.

O parágrafo seguinte diz: "Procura verificar o que vale a pena ser feito, e lembra-te que não deves julgar as coisas por sua grandeza aparente." Não devemos julgar pela magnitude, o espetáculo, a pompa e a grandiosidade. Adiante, diz: "Alimentar os pobres é uma obra boa, nobre e útil; porém, alimentar as suas almas é ainda mais nobre e mais útil." Talvez seja isso que devemos fazer na Sociedade Teosófica, pois a Teosofia é a sabedoria que corta pela raiz todos os nossos males. Podemos tomar várias medidas para aliviar a miséria, mas se pudermos ajudar as pessoas a evitar as *causas* da miséria, esse será um auxílio maior.

Há uma afirmação interessante sobre a verdade neste trecho: "Não deves acolher um pensamento simplesmente porque muitas outras pessoas o acolhem, nem porque se tenha acreditado nele por séculos, nem porque esteja escrito em algum livro que os homens julguem ser sagrado." Isso faz lembrar as palavras usadas por Buddha: "Você deve pensar o assunto por si próprio e julgar por si mesmo se é razoável." Os teósofos, ao menos, deveriam se distinguir por essa atitude. Eles não deveriam apenas seguir com a corrente, mas se colocar de lado e considerar por si próprios o que é correto e verdadeiro.

Aqui, outro excelente conselho: "Nunca atribuas motivos a outra pessoa; somente seu Mestre lhe conhece os pensamentos, e ela pode estar agindo por razões que nunca entraram em tua mente." Essa é uma instrução que todos nós podemos seguir, e, se o fizermos, isso simplificará muito nossas relações com as outras pessoas. Tanto a Dra. Annie Besant quanto C. Jinarajadasa se destacavam por essa qualidade, apenas considerando a ação de uma pessoa, em vez de lhe atribuir motivos. A não ser que um motivo seja absolutamente óbvio, é melhor não se preocupar com isso, mas tratá-lo como um assunto privado da outra pessoa. É sempre possível errar em qualquer direção.

Há essa bela afirmação sobre ser verdadeiro em ação: "Nunca pretendas parecer outro senão aquele que tu és, pois todo o fingimento é um obstáculo à pura luz da verdade, que deve brilhar através de ti como a luz do Sol brilha através de um vidro transparente." Não deve haver pose, não se deve fingir ser aquilo que não é. Se seguirmos isso, purificaremos toda a nossa natureza e removeremos todos os impedimentos à verdadeira compreensão, e nossa visão interna ou intuição será aberta.

Na introdução ao livro há uma afirmação: "Não basta ouvir as palavras do Mestre; tu tens de fazer o que Ele diz, atendendo a cada palavra, aceitando cada sugestão, pois, se uma sugestão não for aceita, se uma palavra não for atendida, perdidas estarão para sempre, porque o Mestre não fala duas vezes." Isso não deve ser entendido literalmente. Mesmo nós, que somos menos compassivos que o Mestre, falaremos duas vezes – até uma dúzia de vezes – caso uma pessoa não compreenda. Por que iria o Mestre considerar suas palavras tão preciosas a ponto de não as dizer uma segunda vez?

Mas, se equipararmos o Mestre àquela voz interna que devemos ouvir, podemos ver a verdade dessa afirmação. Se nós não ouvirmos a voz interna e seguirmos aquilo que intuitivamente sentimos ser correto e verdadeiro, quebramos a conexão com ela e a corrente não flui. É preciso existir sempre um fluxo entre o que tudo o que sentimos e pensamos ao agir; se houver uma quebra entre o pensamento e a ação, o pensamento se torna estagnado.

O Mestre, portanto, sempre fala à intuição. Se uma pessoa está associada a ele em algum trabalho, pode ser necessário a ele dar instruções, mas isso é feito muito raramente. Em uma das *Cartas dos Mahatmas* é dito: "Nós não damos ordens." O Mestre apenas faz sugestões ou expressa uma verdade que nós devemos seguir. Ele não impõe sobre ninguém o que sabe; respeita a liberdade do indivíduo e deixa que ele siga sua própria orientação interna.

A Senda que buscamos seguir não está fora de nós; as qualidades indicam brevemente como deve ser. É dito que aquele que deseja seguir a Senda precisa se tornar uno com ela. Assim, é uma forma de viver, pensar, sentir e agir que brota do nosso ser fundamental. É, portanto, a coisa mais natural do mundo. Todos somos, em maior ou menor grau, não naturais, à semelhança do mundo, com as suas falsidades e perversões. Mas ao seguir a Senda precisamos ser verdadeiros com nós mesmos, reverter ao nosso estado fundamental de existência.

A Senda "deve tornar-se de tal modo parte da tua natureza que a sigas sem nisso teres de pensar e sem poderes desviar-te dela". Ela é, na verdade, a expressão da nossa própria natureza – o modo como ela atua quando é inteiramente ela mesma, sem ser influenciada por qualquer pressão externa. "Sem nisso teres de pensar" implica em segui-la naturalmente. Quando pensamos na Senda, estamos na verdade avaliando condições, tentando escolher entre um caminho e outro. O pensamento sempre implica escolha. Deve ser isto ou aquilo? Qual é melhor? Qual é mais vantajoso? Mas quando não pensamos na Senda, significa que a estamos seguindo com a espontaneidade da nossa natureza – a partir de um instinto inato que é a percepção de nosso ser.

Orientações diferentes do correto são, na verdade, orientações ditadas por nossos desejos. Assim, a segunda qualidade (Ausência de Desejos) segue o Discernimento. A Ausência de Desejos pode desagradar a muitas pessoas, mas não deve ser entendida como um estado de existência débil, desidratado.

A quarta das qualidades – que é descrita como a mais importante de todas – é o Amor, e o fato de que o amor é apresentado como primordial para viver a Senda deve dissipar a noção de que a ausência de desejo significa um estado de ausência de vida. Em uma de suas cartas, o Mestre K.H. refuta a ideia de que os Adeptos são como as pétalas secas de um amor-perfeito que foi guardado entre as páginas de um livro. De fato, o amor pela humanidade, por cada coisa que existe, é a paixão dominante do Adepto. O que o caracteriza é um altruísmo flamejante – um amor que não traça limites e está centrado em cada ser vivo individual. É um amor ao qual tudo o mais na vida está subordinado – todas as considerações de uma natureza prudente, toda inclinação ao autointeresse.

Na tradição indiana se diz que a última qualidade é "o desejo de libertação", que é considerado a libertação da roda compulsória de nascimentos e mortes. Mas o Mestre salienta que isso soa um pouco egoísta; você quer se libertar de sua casa-prisão, ser resgatado da turbulência na qual você se encontra, ser libertado das pressões, e, assim, buscar a libertação se torna um tipo de escape da lamentável atividade da vida.

Mas, na verdade, desejo de libertação significa amor por um estado de existência que é livre em si mesmo. É como experimentar dentro de si o próprio sopro. Uma pessoa pode estar confinada entre as quatro paredes de uma prisão, mas internamente estar em um estado de liberdade que é êxtase. Quando você se sente livre internamente, sem qualquer fardo ou tensão, você está realmente transbordando de felicidade, que é a própria vida. Mas isso não é liberdade de uma determinada coisa. Querer escapar de uma condição incômoda ou de uma pessoa desagradável é mera reação; não resolve o problema e você com certeza será enredado em algum outro lugar. O desejo de libertação não deveria surgir de uma reação ou repulsa, mas do amor pela própria liberdade. Embora soe paradoxal, a libertação é das condições psicológicas com as quais nós nos tornamos identificados, assim como de suas variantes e modificações, e, portanto, é a libertação de si mesmo. É claro que o Mestre não poderia dar uma explicação nesses termos para um jovem; então, simplesmente disse: é amor. Até mesmo uma pessoa jovem pode compreender isso.

Um desejo que não é nem quente nem frio é como uma febre baixa – um tipo de doença. O desejo de libertação precisa ser tão intenso a ponto de produzir uma mudança radical, tão intenso quanto o anseio por ar de uma pessoa submersa na água. Precisa se tornar uma paixão.

Grilhões psicológicos também são grilhões morais. Nossa moralidade, que é em grande parte convencional – você pode fazer isso, mas você não pode fazer aquilo –, não é moralidade no verdadeiro sentido. Para entender o que é moralidade precisamos primeiro entender a natureza da nossa existência. A moralidade precisa estar baseada na verdade e não em ideias artificiais que podem variar de um país a outro. E, antes de tudo, precisa estar baseada na fraternidade universal.

Em Ocultismo, é a verdade – não a convenção – que deve regular nossa conduta. A ausência de desejos não deve ser entendida como uma aniquilação da nossa apreciação do belo. Esse é um mal-entendido muito comum, especialmente na Índia. Complicações surgem apenas quando o desejo toma uma direção egoísta. Podemos apreciar algo e ver sua beleza, mas, no momento em que dizemos "preciso possuir isso", temos a asserção do ego em seu sentido psicológico comum – não no sentido usado pela Teosofia – e isso gera conflitos.

Nossos desejos são constituídos de muitas exigências e anseios; eles são todos projeções de um centro de egoísmo. "Riqueza e poder" são mencionados como objetos de desejo, e quando se percebe que não vale a pena possuí-los, "todo o desejo por eles cessa". E o livro acrescenta: "Tudo é simples." Mas será? É fácil enganar a si mesmo. Uma pessoa pode dizer que não liga para riqueza e poder, ou que busca por eles apenas para ajudar os demais. As pessoas podem desejar poder e riqueza, mas tentam fazer com que isso soe mais aceitável, dão um brilho, dizendo que a finalidade é ajudar os demais. Essas são formas comuns de autoengano.

Todo um parágrafo é dedicado ao desejo de poderes psíquicos. Novamente há aqueles que dizem que desejam tais poderes não para seu próprio benefício ou glória, mas apenas para ampliar sua utilidade. Porém, somos informados de que esses poderes virão com o decorrer do desenvolvimento; quando a árvore estiver totalmente crescida, as flores e os frutos aparecerão. Se esses poderes existirem potencialmente na natureza de alguém, se não forem uma mera distorção dessa pessoa, eles certamente surgirão. Diz o Mestre: "Forçá-los muito cedo traz em seu treinamento, frequentemente, muitas perturbações." E acrescenta: "Eles virão quando o Mestre entender ser melhor para ti possuí-los." O possuidor desses poderes é muitas vezes iludido pelo que vê, é suscetível de confundir seu próprio pensamento com algo que existe fora de sua imaginação. Além disso, pode se tornar presunçoso e achar que não pode cometer erros, passar a se achar superior. Ou outras pessoas podem fazer afirmações em seu nome e ele se tornar um "grande" homem, de difícil aproximação. É por isso que, nesse livro, enfatiza-se não buscar poderes psíquicos ou de qualquer ordem.

Muitos desejos mesquinhos que mancham a utilidade e a beleza da vida de uma pessoa também são mencionados, como o desejo de sobressair, de parecer instruído, de se imiscuir nos negócios alheios e tentar corrigi-los. Esses desejos são projeções do centro de egoísmo e precisam ser completamente eliminados. O Ocultismo é um assunto sério. Significa se assumir. Mas, na Índia, há aqueles que pensam que tudo o que tem de ser feito é ir para as margens do Ganges, permanecer ali e ter as suas necessidades atendidas por outros. Muitos pensam que homens assim são santos. No entanto, a Senda demanda renunciar aos muitos desejos mencionados. Precisamos notá-los em nós mesmos e colocá-los de lado, e esse é um trabalho constante.

Uma frase na seção do livro se refere ao verdadeiro Mestre. Somos informados que "na luz de Sua santa Presença todo o desejo sucumbe, exceto o de ser semelhante a Ele". Existem momentos ocasionais em que parece que estamos sem anseios, que estamos satisfeitos com nós mesmos e em paz com todos os demais. Esse é um estado temporário sem exigências ou pressões, sem impulsos, ânsias, avidez – nada para causar inquietação interna. A presença do Mestre produz essa condição, mas não podemos alcançá-la apenas estando próximos a ele. O desejo de se assemelhar a ele não é um desejo de imitação. Ele surge porque vislumbramos a beleza do Mestre e amamos aquela beleza. Não há um sentimento de inveja; você não está se comparando a ele.

Há sempre egoísmo no pensamento "eu quero ser isso ou aquilo". No momento em que o "eu" é enfatizado, isso é egoísmo. Psicologicamente, nunca estamos em um estado estático. Há um movimento para algo fora de nós, e esse movimento, quando almeja algum ganho ou vantagem, é desejo. Mas, quando é desprovido de qualquer almejo, torna-se amor por um ser humano, pela beleza em uma árvore, um pôr do sol ou uma nuvem. Algo nos agita, nossa atenção é direcionada àquilo e uma relação psicológica é formada. Se existe a intenção de tornar o relacionamento vantajoso, ele é egoísta. Na ausência de egoísmo existe o amor puro.

Podemos pensar sobre isso de outra maneira. Desejamos certa experiência porque sabemos como ela é. Se não tivéssemos ideia de como ela é não poderíamos desejá-la, pois não podemos desejar algo do qual não temos concepção. Assim sendo, não podemos desejar espiritualidade porque não sabemos o que é isso. O que desejamos é reproduzir uma experiência que está na nossa memória, pois o desejo está sempre baseado em experiências anteriores. Mas quando não há referência a algo no passado, qualquer mudança que ocorra em nosso coração é espontânea. Embora possamos usar a palavra "desejo" para descrevê-la, ela é, na verdade, amor.

Amor é uma palavra que adquiriu diversos significados distantes de comunicar o que ele é na realidade. Nesses tempos modernos, amor veio a significar a indulgência de uma sensação e se confundiu com luxúria. Mas amor, na realidade, é um estado de existência sem desejo. Esse estado fundamental pode significar muitas coisas. Como os ensinamentos de *Aos Pés do Mestre* foram destinados a um jovem, o amor é explicado em termos de sua expressão natural em diferentes contextos e relacionamentos, que é a única forma de explicá-lo a uma criança. Não se pode usar jargões técnicos e falar de estados psicológicos, mas, se dissermos "significa que você precisa ser gentil e prestativo", a criança entenderá.

Na última seção do livro, o Mestre explica em detalhes que o amor não deve ferir nem prejudicar. Esse é o mais antigo ensinamento, dado aqui de forma prática no que se refere à superstição, a formas de crueldade e ao mal que é feito ao se falar depreciativamente de outra pessoa. Em geral, uma conversa é encarada como monótona e sem tempero quando não contém uma pincelada de fofoca. Mas devemos aprender, por um lado, a não fazer mal, e, por outro, a estarmos repletos com o desejo intenso de servir a todos os homens, animais e mesmo plantas.

A terceira seção trata das seis qualidades, ou pontos de conduta, que algumas vezes são chamadas de seis joias ou seis dons. A primeira é o domínio da mente, que, entre outras coisas, implica atingir um estado de serenidade e paz. A segunda é o domínio da ação. Precisamos controlar nosso corpo se, por exemplo, queremos ser graciosos nas ações e posturas físicas. Similarmente, é preciso haver um fácil controle da nossa natureza emocional e mental. O autocontrole é contestado por algumas pessoas que dizem que devemos ser espontâneos e livres, mas essas são afirmações infantis, que revelam falta de entendimento. As outras qualidades mencionadas são a tolerância, o contentamento, a perseverança e a confiança.

Não vou me demorar nisso, mas simplesmente ressaltar que, em vez da palavra "contentamento", os antigos livros indianos usam "resistência". Na *Bhagavad-Gitā*, Sri Krishna fala dos pares de opostos – calor e frio, prazer e dor, ganho e perda – e diz que Arjuna precisa "suportá-los".

Os parágrafos de encerramento nessa seção sobre o amor são particularmente belos.

> Aquele que está na Senda não existe para si mesmo, mas para os outros; esqueceu a si próprio, a fim de poder servi-los. Ele é como uma pena na mão de Deus, através da qual Seu pensamento pode fluir e encontrar uma expressão aqui embaixo que, sem a pena, não poderia ter. É, ao mesmo tempo, como uma vívida pluma de fogo, irradiando sobre o mundo o Amor Divino que enche seu coração. [§63]

Em vez de "Seu pensamento" (significando o pensamento divino ou o pensamento arquetípico), podemos dizer "a Verdade". "Uma vívida pluma de fogo" é um amor flamejante – um estado de amor divino e compaixão que está longe de ser anêmico. Krishnamurti usa a palavra "paixão", e é esse o significado aqui.

Em uma das *Cartas dos Mahatmas* é usada a palavra "chama". "Essa é uma chama não alimentada por qualquer combustível terreno." É a chama da própria vida, o tipo de vitalidade que é encontrada na Natureza no começo da primavera, ou, talvez, no auge do verão.

Então vem o parágrafo final:

> A sabedoria que te torna capaz de auxiliar, a vontade que dirige a sabedoria, o amor que inspira a vontade — estas são as tuas qualificações. Vontade, Sabedoria e Amor são os três aspectos do *Logos*; e tu, que desejas alistar-te para servi-Lo, deves expressar esses aspectos no mundo. [§64]

Esses parágrafos descrevem em termos brilhantes a natureza daquele estado ou existência fundamental no qual todas as qualidades são realizadas, em que todas elas estão presentes. Portanto, embora possamos falar em "adquirir" qualidades, quando percorremos a Senda estamos, na verdade, revertendo ao nosso estado de ser original, inalterado. Pois ser espiritual é estar de acordo com a verdadeira natureza das coisas. Significa viver sem tensão, pressão, distorção, reação — um estado de ser que não é baseado em nada que compele ou coage.

A *Bhagavad-Gitā* nos diz para agir sem qualquer desejo de frutos ou recompensas. Então por que agir? Qual o motivo para a ação? Todas as ações, sejam no mundo material ou no mundo psíquico, brotam de algum impulso; é preciso haver um empurrão, do contrário nada se move. E esse impulso ou é o desejo de alguma vantagem, ganho, sensação ou prazer, ou é o amor espontâneo, que não possui expectativa de retorno.

Amor puro é ação pura. É uma forma poderosa de ação, embora possamos não perceber. Caso sintamos tal amor por outra pessoa, estamos verdadeiramente agindo sobre ela, não para torná-la a imagem de nossas próprias ideias ignorantes, mas como uma forma de auxílio. "Você precisa fazer o bem pelo bem", diz o Mestre. Recordamos a pergunta: "Quem servirá a Deus por nada?" O serviço desinteressado que nada pede em troca só pode surgir do amor a Deus. E como Deus é o desconhecido (e como podemos amar o desconhecido?), isso significa que amamos o correto, o belo e o bom, e servimos porque essa é a natureza divina. Do ponto de vista do idealismo, do ponto de vista cósmico, deveríamos amar a humanidade. Mas isso tende a ser um ideal vago, pois a humanidade é uma abstração, enquanto o amor por uma pessoa é real e significativo.

Qualquer coisa bela, mesmo que possa ser dada a uma pessoa em particular, ajuda o mundo. Assim, se amamos outra pessoa com um amor puro, o amor vai à raiz das coisas onde todos são um, e assim ajudamos o todo. Tudo o que é verdadeiro é liberado no fluxo das coisas, onde afeta toda a vida, toda a força da evolução.

Falamos de "minha consciência" e "sua consciência", mas essas são diferenças que nós fazemos, em nossa ignorância. Pois, fundamentalmente, a vida é una e a consciência é una, muito embora seja dividida, pensamos, em uma parte que me pertence e outra que pertence a outra pessoa. Então eu estou identificado com a Índia, com o Hinduísmo, com minha família, com as experiências da minha infância e adolescência. Essa consciência se identifica com todas essas coisas e chama a si mesma de minha. Mas suponhamos que ela possa abandonar essa identificação, se desprender da Índia, do Hinduísmo, das tradições com as quais esteve conectada — então será apenas consciência, então perceberá que, embora modificada pelas identificações que a limitam, a consciência é fundamentalmente a mesma em todos. Essa é uma questão de conhecimento e experiência pessoal; você pode conhecer por si mesmo, mas primeiro terá que deixar de se identificar com muitas coisas. Desse ponto de vista, a verdade, seja dada para um, para muitos ou para o mundo inteiro, produz o mesmo efeito.

Luz no Caminho

I

Existem três tratados na literatura teosófica moderna que podem ser considerados em conjunto. São eles: *Aos Pés do Mestre*, *A Voz do Silêncio* e *Luz no Caminho*. Os três livros falam sobre o mesmo assunto, cada um à sua maneira, e cada um complementa o outro. Em *Aos Pés do Mestre*, as verdades que pertencem à conduta são colocadas de uma forma adequada à mente jovem. Ele nos diz o que fazer e o que não fazer, como controlar nossos pensamentos, e assim por diante. A nota predominante em *A Voz do Silêncio* é a compaixão por todos os seres viventes, e é uma compaixão aliada à sabedoria da alma. Ele fala de várias virtudes ou perfeições que devem ser adquiridas pelo discípulo. Seus ensinamentos precisam ser realizados primeiramente no interior, e depois se expressarão como conduta externa. O livro é, portanto, tão prático quanto *Aos Pés do Mestre*. Uma ação pode ser simples por si só, mas o poder que se encontra por detrás dela varia de uma pessoa para outra. Uma pessoa pode executá-la sem compreender, enquanto outra está consciente do profundo significado que ela contém.

Luz no Caminho é um manual oculto, não é destinado ao homem comum. Está descrito na página título da edição de 1885 como "um tratado escrito para uso pessoal daqueles que, não conhecendo a Sabedoria Oriental, desejam receber a sua influência". Foi escrito por Mabel Collins, que durante algum tempo colaborou com HPB na edição da revista *Lucifer*.[7] Ela não se considera a autora, e afirma que o livro veio através de um dos Mestres de Sabedoria. Na introdução, C.W. Leadbeater explica sua origem e composição.

Luz no Caminho é mais exigente que *Aos Pés do Mestre* ou *A Voz do Silêncio*, e expressa um profundo significado que não se pode compreender sem uma grande atenção. Suas colocações são difíceis para aqueles que querem levar a vida facilmente, que querem uma regra de vida que lhes permita uma boa margem para satisfazer seus desejos habituais.

Em *Luz no Caminho*, o trabalho que deve ser feito é colocado em termos mais fundamentais que nos outros dois livros. Demanda a completa realização de certas coisas, não permite meias medidas. Por exemplo, inicia com a determinação "mata a ambição" – não diz para matar três quartos, mas para se livrar dela radicalmente.

E as instruções prosseguem: "Mata o desejo de viver. (...) Mata o desejo de conforto. (...) Mata todo sentido de separação. (...) Mata o desejo de sensação. (...) Mata a fome de crescimento." Esses preceitos devem dirigir e estimular as ações da vida diária.

Todos desejamos viver nossas próprias vidas, salvar nossa pele mesmo à custa de outra pessoa; todos nós desejamos conforto físico, emocional e mental, algo onde possamos nos apoiar, algo para nos sustentar. Todos nós temos o desejo natural de sensações; de fato, o desejo de sensações funciona tão automaticamente que nem mesmo estamos conscientes do que está acontecendo.

Um homem com eczema coça a erupção irritante. Coçar gera alívio, o que é prazeroso. Então ele continua coçando os lugares afetados mesmo durante o sono, sem perceber o que está fazendo; ou seja, que ele está na verdade piorando sua condição.

O mesmo se dá com todas as outras sensações. Existe uma espécie de ação automática que ocorre através de uma relação que se estabelece entre a consciência, a mente e a sensação. É mais ou

---

[7] *Lucifer* foi uma revista publicada por Helena Blavatsky. A primeira edição foi distribuída em setembro de 1887, em Londres. A revista trazia artigos sobre temas filosóficos, teosóficos, científicos e religiosos. (Nota Ed. Bras.)

menos como a ação de um sifão; quando o líquido sobe até certo nível, um vácuo é criado e a sifonagem se inicia automaticamente. A sensação é como a água que continua a fluir através do sifão; ela persiste assim que o contato com o objeto de prazer é estabelecido.

"Mata a fome de crescimento" [1.7] se refere ao desejo de importância e de estatura pessoal que surge da consciência de nossas habilidades. Embora isso pareça muito natural, em certo estágio de evolução é, na verdade, um entrave. O desejo, sob todas as formas, é a mola principal da ação na fase humana até à entrada no Caminho. Mas mesmo quando se entra no chamado Caminho o desejo ainda está presente, e pode ser prolongado pela própria satisfação dos anseios que surgem. Todos nós devemos perceber isso por nós mesmos: que nenhum desejo é eliminado cedendo-se a ele.

Um homem decide tomar um último copo de uma bebida forte. Ele bebe e, por enquanto, o desejo é satisfeito. Mas, depois de um tempo, por conta da satisfação que ele obteve, o desejo retorna com maior força. Além disso, o deleite obtido através do hábito cresce menos. No caso de um homem idoso que viveu uma vida de indulgência sexual, o desejo ainda é forte, mas os meios para a sua gratificação se enfraquecem e o prazer diminui. Apenas quando o prazer é fresco, quando todo o organismo físico está num estado de sensibilidade que não foi diminuído pela indulgência, é que o prazer está em seu ápice. Podemos ceder às nossas fraquezas, mas descobrimos que nos condicionamos ainda mais cedendo a elas. É possível observar isso em nós mesmos até nas pequenas coisas.

Todas as formas de desejo estão enraizadas na separatividade, na crença da existência de um ego separado. Eu quero, e quanto mais eu quero, mais forte me sinto interiormente. Se a ênfase é no "eu", a satisfação se torna uma satisfação egoísta.

Eu digo "estou com fome" e é correto que essa necessidade seja satisfeita. Mas quando eu digo "estou com fome, quero comida", não é apenas a declaração de uma necessidade; é a afirmação de mim mesmo através da necessidade e da sua satisfação.

Novamente, a autopreservação é instintiva e natural, mas chega um estágio em que esse instinto é transcendido, pois percebemos que o sentido de "eu" não é algo a ser protegido. Quando há qualquer sentimento como *eu* preciso fazer progresso, *eu* preciso ser importante, há um "eu-ismo", e a consciência do eu – com ênfase no "eu" separado dos demais – é alimentada e fomentada. *Luz No Caminho* fala de uma "gigantesca erva" [1.4] que abarrota toda a nossa natureza – o sentido de separatividade em pensamento e sentimento, em nossas ações e reações e em nossos julgamentos. Podemos perceber a presença desse monstro de múltiplas cabeças se nos examinarmos honestamente.

O livro possui várias frases paradoxais: primeiro, o aforismo "mata a ambição"; mais adiante, somos instruídos: "Trabalha como aqueles que são ambiciosos." [1.4.] Dessa forma, não devemos deixar de agir; de fato, não devemos ser menos enérgicos que aqueles motivados por ambição pessoal. Podemos dizer que não é um motivo, mas uma energia que surge de dentro e se realiza por si mesma.

O aforismo 2 [1.2] diz "mata o desejo de viver". Quando compreendemos que a vida e nós mesmos somos um, e que a vida é indestrutível e eterna, não há medo da morte. O desejo de viver cessa juntamente com o medo da morte, porque a vida *é* nós mesmos. Mas precisamos alcançar essa compreensão. "Desejo de viver" significa o desejo de uma vida em condições particulares e sob certas limitações, a vida identificada com certas experiências e sensações. Sem elas, não existe desejo de viver.

"Mata o desejo de conforto." [1.3.] Estas são injunções drásticas e difíceis destinadas ao atleta espiritual que está preparado para uma vida ascética. Por outro lado há "sê feliz como os que vivem em função da felicidade" [1.4]. Não há mérito em ficar desconfortável. Pode ser bom para nós sentarmos eretos porque essa postura é melhor para a respiração e para a nossa saúde em geral. Mas algumas vezes uma pessoa sente dor de forma a provar a si mesma que pode suportá-la, isso dá a ela um sentido interno de controle e força, o que geralmente apenas intensifica seu ego e autoimportância.

O aforismo 5 [1.5] diz "mata todo sentido de separação", e continua: "Não te iludas imaginando que podes apartar-te do mau ou do insensato (...). Lembra-te de que o pecado e a vergonha do mundo são o teu pecado e a tua vergonha." Quando conseguimos nos identificar completamente com outra pessoa, nós não a condenamos, nós a compreendemos mesmo que ela possa estar fazendo muitas coisas vergonhosas. Se há uma vida única, o mesmo pecado, a mesma tolice e ignorância pertencem tanto a nós quanto aos outros, embora isso seja difícil de perceber.

Mesmo quando todo o sentido de separatividade é eliminado e somos um com a Vida em todas as suas formas e aspectos, ainda somos direcionados a nos mantermos: "Conserva-te só e isolado; porque nada do que é corporificado, nada do que é consciente da separação, nada que esteja fora do Eterno pode ajudar-te." [1.8.] Estar isolado não significa estar fisicamente fechado, significa ficar sozinho sem buscar qualquer apoio, não influenciado por nada externo a si mesmo. Toda opinião, julgamento e crença pessoal é um produto de várias influências que entraram na nossa natureza vindas de fora. Dessa forma, o homem que pode dizer que é absolutamente não influenciado por qualquer coisa que venha de fora é um homem que cria a partir de seu interior. Não existe outra fonte de criação. Ele não pega elementos do exterior e lhes dá forma (embora ele possa ter esses materiais), mas a forma que é dada àquele material, a verdade ou a beleza que nele é expressa, vem de dentro. Somos um com todos, embora sós, e apenas nessa solidão é que a Unidade é percebida.

Vamos olhar mais de perto esse conjunto de frases curtas, cada uma começando com a palavra "mata". No caminho oculto, existe uma série de coisas que precisam ser extirpadas de uma forma que não haja possibilidade de um ressurgimento.

"Mata a ambição." [1.1.] A ambição tem um papel importante na vida da maioria das pessoas; elas desejam ficar em um alto patamar e brilhar aos olhos dos demais, desejam ter consciência de terem obtido êxito. Mas nesse Caminho mais exigente, todas as formas de ambição precisam ser destruídas. Muitos anseiam pelo discipulado, mas não estão preparados para tamanho empreendimento.

Muitas pessoas tentam racionalizar sua ambição. Eles dizem: eu quero alcançar isso para fazer o bem, para fazer coisas grandiosas. Mas isso é autoilusão; não deve haver desejo por nada. Krishnamurti pergunta: "Por que não se contenta em ser nada?" Deveríamos estar satisfeitos por ser apenas como o homem que caminha pela rua. O verdadeiro objetivo da espiritualidade é reduzir-se a "nada aos olhos dos homens". E a nada no que diz respeito às nossas próprias ideias do que é desejável. Mas, ao mesmo tempo, isso não quer dizer que devemos fazer nada na vida e deixar que os outros façam o trabalho. Pelo contrário, precisamos "trabalhar como aqueles que são ambiciosos" [1.4].

O que vem em seguida é mais difícil de compreender: "Mata o desejo de viver." [1.2.] Quando falamos em "vida", pensamos em certas experiências que a vida nos traz e que queremos repetir. Esse é o desejo que é a base de um processo repetitivo, a reencarnação — o impulso de descer até as condições da matéria onde essas experiências são novamente possíveis. Mas o desejo nunca é pacificado quando a ele cedemos, e a satisfação que surge da indulgência é logo extinta. Até mesmo um leão fica relaxado e quieto quando alimentado, e não presta atenção ao antílope que passa debaixo de seu nariz. Por isso, uma pessoa pode ser muito amável quando os seus impulsos interiores são suspensos, ou pode afundar-se numa letargia agradável quando há ausência de estímulo vindo do exterior.

Uma vez que nós mesmos somos vida, como podemos desejar a nós mesmos? Se compreendermos que somos uma corrente de vida, podemos desejar a vida? O desejo é de dentro para fora; podemos tentar alcançar a nós mesmos? O desejo de viver é uma contradição em termos. Mas as pessoas em geral compreendem o desejo de viver como manter seus próprios confortos, proteger seus parentes, até mesmo à custa de prejudicar outras pessoas.

"Respeita a vida como aqueles que a desejam." Todos nós admiramos a pessoa que estima mais a honra do que a vida. Giordano Bruno disse que perder a vida não era nada, mas perder a honra era manchar a alma. Portanto, existem pessoas que deitam fora suas vidas por uma causa maior, e dizemos: "Ela não liga para a sua vida." De certa maneira, ela realmente matou o desejo de viver.

"Mata o desejo de conforto" [1.3] não quer dizer que você deve buscar ativamente o desconforto e se torturar. Muitas pessoas interpretam que a vida espiritual é ir constantemente contra seus desejos: "Se você desejar algo você não deve obtê-lo!" Isso pode ter algum valor como preparação para algo no futuro, mas não há qualquer virtude por si só. Não é errado estar confortável, existe um conforto normal, mas, por outro lado, podemos amar o conforto a tal ponto de não estarmos dispostos a sacrificar qualquer parte dele pelo bem dos demais. Quanto mais conforto tivermos, menos dispostos estaremos a que seja perturbado por outra pessoa. Assim, o conforto tende a entorpecer os sentidos, e nós nos tornamos meio adormecidos. Contemplamos a vida de uma forma sonolenta, desatenta e desavisada quanto à situação real.

Precisamos evitar ficar viciados. Isso é verdadeiro com relação a todas as experiências. Alguém disse que podemos experimentar tudo uma vez: fumar, beber ou qualquer outra coisa. Mas geralmente não paramos aí. Permitimo-nos fazer uma vez e depois queremos tornar a fazer outra vez, e isso pode continuar para sempre. Se a experiência tem de vir até nós, não há problema – tem de vir. Mas se nos entregarmos a ela, então é vício. Ansiamos por uma repetição e criamos as condições necessárias para a sua realização. A mente possui todo tipo de dispositivos e recursos para nos dar a oportunidade de satisfazer seus desejos. Comida e bebida (do tipo correto) são boas, a não ser que nos tornemos escravos delas. Mas devemos jogar a luz da verdade sobre isso. Pode haver certo elemento que não é bom. É como veneno; quando o encontramos em grandes quantidades sabemos que é ruim, mas devemos perceber que é ruim mesmo quando há só um pouco na nossa natureza. Ele deve ser removido de todo.

"Mata todo sentido de separação." [1.5.] Sentimos ser tão superiores que não podemos nos misturar com certas pessoas. Nós nos separamos internamente do homem "mau ou insensato". É perfeitamente correto condenar a ação, mas, ao viver a vida espiritual, não devemos nunca esquecer a unidade.

> Porém, se permitires que cresça no teu interior a ideia da separação de qualquer coisa ou pessoa má, ao fazê-lo estarás criando um *Karma* que te ligará a essa pessoa ou coisa até que a tua alma reconheça que não pode permanecer isolada. [1.5]

A atração é tão vinculante quanto a repulsão. O elétron é conduzido através de um canal por forças de repulsão e atração, e move-se com tremenda aceleração em um campo magnético. Se mantivermos uma pessoa a uma certa distância, descobriremos que a pessoa cairá inevitavelmente no nosso colo ou nos nossos braços, conforme o caso. Aquilo que tentamos forçadamente empurrar para longe de nós retornará, porque há uma forte ligação entre nós. Precisamos aprender a deixá-lo de lado com tranquilidade. E, quando vier até nós, podemos agir com se não estivesse ali; não atrair ou despachar é o verdadeiro desapego.

"Mata o desejo de sensação." [1.6.] Isso é bastante compreensível, porque é a sensação (e não apenas a sensação física), em uma forma ou outra, que causa muito do nosso estresse e tensão. Não é que a sensação seja errada, pois ela está na própria natureza das coisas. Todas as substâncias, todas as formas de matéria possuem sensação de algum tipo, através da qual apreendem as formas e compreendem as bases da matéria. Mas é o desejo de sensação e o apego a ela que produzem todo tipo de complicação.

"Mata a fome de crescimento." [1.7.] O crescimento acontece naturalmente, pois a própria natureza da vida é crescer. O crescimento acontece por si só se nós formos naturais. O elemento mental que diz "eu preciso crescer", com um conceito fixo de como o crescimento deve ocorrer, faz com que uma pessoa deseje materializar o conceito. Esse desejo de ser algo é como a impaciência de uma criança que quer ser adulta, sem perceber que ser adulto não é melhor que ser criança, ou que nesse estágio pode ser melhor que ela permaneça criança. Querer ser isso ou aquilo envolve um centro de egoísmo que vicia o movimento. Toda transformação é um obstáculo.

Luz no Caminho é um manual que contém instruções para aquele que aspira trilhar o caminho oculto. Portanto, contém afirmações que seriam difíceis para um homem comum compreender; ele pode até repeli-las. Assim, uma série de regras inicia com a palavra "mata". Por exemplo, é dito "mata a ambição" [1.1]. Muitos concordarão que não é bom ser muito ambicioso, pois isso pode levar ao sofrimento, e, portanto, é uma boa medida refrear nossos desejos. Mas em *Luz No Caminho* não é uma questão de refrear a ambição, e sim de matá-la de forma que nenhum elemento ou partícula dela permaneça na nossa natureza. O mesmo ocorre com relação às outras injunções: "Mata o desejo de viver. (...) Mata o desejo de conforto. (...) Mata o sentido de separação. (...) Mata o desejo de sensação. (...) Mata a fome de crescimento." [1.2-7]

O Ocultismo é um processo científico. A ação requerida da parte daquele que deseja trilhar o caminho oculto, as mudanças que precisam acontecer na sua vida, precisam ser completas e radicais. É como apagar um incêndio: você não pode deixar nem mesmo uma centelha permanecer, pois a partir dela o fogo pode ressurgir ainda mais ferozmente que antes.

Mas antes de chegarmos a essas regras, há um prelúdio.

> Antes que os olhos possam ver, devem ser incapazes de soltar lágrimas. Antes que o ouvido possa ouvir, deve ter perdido a sua sensibilidade. Antes que a voz possa falar na presença dos Mestres, deve ter perdido o poder de ferir. Antes que a alma possa estar na presença dos Mestres, seus pés devem ser lavados com o sangue do coração.

As duas primeiras afirmações não devem ser tomadas literalmente; se não forem entendidas com um sentido interno, é provável que sejam mal compreendidas. Ser "incapaz de lágrimas" significa ter superado a autopiedade; com certeza não significa ser desprovido de compaixão e simpatia, tornar-se duro e seco.

O ouvido não deve perder sua sensibilidade a ponto de ficar surdo. Esses "ver" e "ouvir" pertencem aos sentidos da alma, não do corpo; nem mesmo se referem às formas comum de clarividência e de clariaudiência, para as quais a destruição da personalidade ou do eu pode não ser necessária.

"O sangue do coração" é a corrente espiritual dentro daquele que é puro. Todo ser humano possui uma qualidade, um magnetismo, uma influência própria, e é esse fluxo de vida, que percorre cada parte e irriga a totalidade da sua natureza, que é chamado de "sangue do coração".

Os pés simbolizam a personalidade, pois eles representam o contato com a Terra ou com o mundo em geral. Eles devem estar limpos, de forma a se tornarem um canal para aquele fluxo interno. Até mesmo a natureza física precisa ser pura, consagrada aos propósitos do Eu Divino interno.

Primeiro devemos "matar a ambição" porque "trabalhar para si mesmo é trabalhar para a desilusão". Devemos compreender, no mais profundo do nosso ser, na privacidade do nosso próprio eu interior, que a ambição em qualquer forma, espiritual ou material, provavelmente causará decepção; caso contrário, não conseguiremos "matá-la". Se apenas a suprimirmos em uma forma, ela aparecerá em outra. Há muitos obstáculos a serem superados para alcançarmos o que queremos, e quando o conseguimos, ele se torna pó e cinzas. Descobrimos, no final das contas, que não era aquilo que queríamos, ou que não era o suficiente. Incitado pela ambição, um homem pode fazer coisas maravilhosas, mas, no final, ele descobre que a satisfação que ele esperava lhe escapa, ou que é momentânea.

Mas então a regra é qualificada pelo preceito: "Trabalha como aqueles que são ambiciosos." [1.4.] Cada regra possui uma modificação similar. Pois o homem sem ambição, que não é movido por nenhum grande ideal espiritual, acharia difícil ser ativo. Se não há nada que eu busque, seja mundano ou espiritual, por que eu deveria ser ativo? Eu me moveria se estivesse com fome, iria até o armário e acharia algo para comer; é o desejo de comida que me impele a me mexer.

É claro que esse aviso não é destinado ao homem do mundo. Ele precisa ter um motivo, algo que o impele para frente e faz com que ele avance. A passagem 1.1 prossegue dizendo que "o artista puro, que trabalha por amor à sua obra, está às vezes mais firmemente plantado no caminho correto do que o ocultista que imagina ter eliminado os interesses pessoais, mas que na realidade só ampliou os limites de experiência e de desejo". O artista pode não falar do caminho oculto ou mesmo pensar nele; não obstante, vai adiante porque age a partir de um interesse puro e não egoísta.

A segunda regra é "mata o desejo de viver". Tomada literalmente, seria verdadeiramente impossível. C.W. Leadbeater, em *Talks on the Path of Occultism*,[8] explica a "vida" nesse contexto como um desejo por uma forma particular de experiência ou condição. Usando uma palavra sânscrita, é, na verdade, uma forma de *trishnã* – uma sede de autoexpansão que impele o ego reencarnante para a vida, vezes sem conta. Todos nós possuímos um instinto de autopreservação que busca manter a nossa existência e nos proteger de sermos feridos. Por conta desse apego à vida, à saúde e a tudo que pertence à condição corpórea (ou mesmo à condição interna), podemos fazer muitas coisas erradas. Vivissecção, por exemplo, é geralmente justificada como um meio de encontrar medicamentos para aliviar a dor humana – e é esse desejo por nosso próprio bem-estar e pela prolongação da nossa própria vida, assim como pelo avanço do conhecimento, que nos permite aprovar experimentos em animais.

A vida espiritual é diametralmente oposta a tudo isso. Precisamos estar dispostos a abandonar a vida – nossos confortos e tudo o mais a que estamos normalmente apegados – para seguir o caminho oculto até o fim. Isso pode soar muito duro, mas não somos obrigados a trilhá-lo se não for de nosso gosto. Ainda não estamos no caminho, estamos apenas tentando compreendê-lo e nos preparar para ele. O ensinamento dado nesse manual é para almas for-

[8] *A Senda do Ocultismo*, C.W. Leadbeater e Annie Besant, volume 1, 2022. Os volumes 2 e 3 serão publicados pela Editora Teosófica. (Nota Ed. Bras.)

tes, não para os fracos, mas todos nós podemos tirar proveito dele em alguma medida. Essas verdades em essência podem ser muito difíceis e além de nossa habilidade no momento, entretanto, ainda podemos aplicá-las em nosso próprio nível.

"Mata a ambição." Ambição é um mal primordial, mas geralmente é considerada pelo mundo como uma qualidade muito boa. O homem ambicioso é invejado pelos outros, e até mesmo seus superiores pensam bem dele, porque emprega o esforço necessário para obter a promoção que cobiça. Mas, do ponto de vista oculto, a ambição é destrutiva e precisa ser erradicada. Ela torna uma pessoa insensível aos sentimentos, necessidades e bem-estar das outras. Toda a sua atenção é fixada sobre o objetivo que deseja alcançar, e essa mesma concentração exclui tudo o mais da sua atenção, até o sofrimento causado aos demais ao fomentar sua ambição.

Embora possamos perceber a natureza desse mal quando o vemos de forma exagerada, falhamos em reconhecê-lo em nós. No entanto, é fato que as falhas que observamos nos outros provavelmente estão presentes em nós mesmos, pelo menos em germe. Não estamos preocupados com a destruição de ídolos populares – as diferentes coisas que as pessoas adoram – mas com os ídolos privados que secretamente adoramos em nossos corações.

Luz No Caminho fala da ambição como "a primeira das maldições", e nos alerta que ela assume formas sutis no caminho oculto. Podemos pensar que destruímos a ambição em nós mesmos, mas ela pode reaparecer com um aspecto modificado. Pois podemos ter ambição por várias coisas no próprio Caminho. Podemos não nos importar com o elogio da "multidão", rejeitando-o como algo que não vale a pena receber. Mas é bem possível ficarmos vaidosos de uma forma sutil. Embora possamos parecer não nos preocupar com a apreciação das outras pessoas, podemos ainda estar enraizados em amor-próprio e vaidade, muito conscientes das nossas próprias supostas capacidades e valor no caminho espiritual.

Ou podemos desejar estar à frente dos outros devotos do mesmo Mestre, sentirmos que, de alguma forma, demos um passo oculto que eles não deram. Mesmo que os outros não saibam que demos esse passo, o fato de que acreditamos ter dado é suficiente; sentimo-nos superiores e satisfeitos com nós mesmos. Isso pode ser tão sutil que, a não ser que prestemos muita atenção aos nossos pensamentos, sentimentos e motivações, será impossível evitá-lo. Podemos prosseguir meditando na virtude da humildade que pensamos querer possuir e, ao mesmo tempo, estarmos cheios desse egoísmo que está tão profundamente enraizado em todos nós.

O comentário sobre a ambição diz:

> Seus resultados tornam-se pó e cinza na boca. Como a morte e a alienação, ela mostra ao homem, por fim, que trabalhar para si mesmo é trabalhar para a desilusão.

Nenhuma pessoa ambiciosa é realmente feliz, porque o que ela deseja está no futuro e, portanto, há sempre um sentimento de algo faltando no presente. E quando, finalmente, ela atinge seu objetivo, este não a satisfaz, e ela fica decepcionada e frustrada. "A distância empresta encantamento à vista" e quando nós realmente chegamos à cena, descobrimos que a grama não é tão verde como pensávamos. A satisfação cessa e então passamos a querer outra coisa. Finalmente, todas as nossas ambições se tornam amargas, pois, "trabalhar para si mesmo é trabalhar para a desilusão". É muito importante compreendermos isso, pois em tantas coisas que fazemos há busca por adulação, elogio e avanço.

Assim, o comentário diz: "Porém, embora esta regra pareça tão simples e fácil, não passes rapidamente por ela." Podemos pensar que estamos livres da ambição, mas isso é muito difícil. Esse trabalho para o ego é realmente o produto de nossos apegos, e podem apegos ser a coisas de diferentes níveis: físico, astral, mental. Podemos, portanto, estar apegados a uma pessoa, às nossas posses ou às nossas ideias. Qualquer que seja a natureza do apego, o seu centro está no eu, e trabalhar para o eu é ficar insatisfeito, porque sua própria natureza é buscar por mais.

Um artista puro, que ama seu trabalho, apenas gosta de fazê-lo, e o faz. Mas muito raramente encontramos alguém assim. Muitos artistas são altamente egocêntricos, intolerantes e invejosos de outros que possuem a mesma eminência. Claro, existem artistas que pintam e compõem desinteressadamente, e não pela glória do eu e seus componentes. Mas podemos nos enganar acreditando que estamos fazendo tudo para a glória de Deus, pressupondo que o que quer que façamos possui a Sua aprovação. Ou podemos pensar que o fazemos em nome do Mestre, carimbando assim nossas ações com o seu nome. A mente pode se autoenganar numa extensão extraordinária. Precisamos estar atentos para todas essas sutilezas, para os vários processos de autoengano, antes que possamos dizer que somos verdadeiros em todas as maneiras.

Então temos esse aviso:

> Não te deixes enganar facilmente pelo teu próprio coração. Pois agora, no limiar, um erro pode ser corrigido. Porém, se carregares o erro contigo, ele crescerá e frutificará, e então, para destruí-lo, terás de sofrer amargamente.

A próxima regra é: "Mata o desejo de viver." [1.2.] Como podemos matar o desejo de viver quando somos a própria vida e esta é eterna? Claramente, a regra se refere às sensações e experiências associadas à vida em certas condições especiais. Algumas vezes uma pessoa abandona sua vida com prazer (não me refiro ao suicídio, que vem do desespero), porque ela percebe, embora não o coloque em muitas palavras, que há algo superior à vida no corpo em condições particulares. Em todos nós há um apego instintivo à vida e um impulso cego à autopreservação, que compartilhamos com todas as outras coisas viventes.

Isso é bom e natural até certo ponto, mas não se nos apegamos à vida à custa da vida alheia. Por exemplo, um homem pode estar tão desesperadamente desejoso de ficar jovem novamente, de recobrar sua vitalidade enfraquecida, que terá glândulas enxertadas no seu corpo, mesmo sabendo que elas foram obtidas de animais em laboratórios. Ele não se importa, desde que seja beneficiado. Não adianta condenar esse instinto, pois ele existe em todos nós. Embora existam pessoas que arriscam suas vidas para salvar outras, se nos for dada a escolha entre nós mesmos e outra pessoa cair em um poço, geralmente permitiremos que o outro caia. O fato é que esse instinto de apego à vida pode nos levar a perpetrar atos que nos causariam horror se tivéssemos tempo para considerá-los.

Ao mesmo tempo, nos é dito para "respeitar a vida como aqueles que a desejam" [1.4]. Esse respeito virá automaticamente quando conhecermos a natureza da vida.

A próxima regra é: "Mata o desejo de conforto." [1.3.] Não devemos esquecer que esse livro foi traduzido de outra língua e que as traduções nem sempre trazem o significado exato. Essa injunção não quer dizer que seja uma virtude se sentir desconfortável, fisicamente, mentalmente ou emocionalmente.

Muitas vezes aceitamos certa ideia simplesmente porque ela é reconfortante. Mas o que é reconfortante pode não coincidir, necessariamente, com a realidade. Pode ser consolador pensar que nossos pecados contra outras pessoas podem ser cancelados imediatamente se solicitarmos o perdão divino, enquanto a doutrina do *Karma*, que diz que devemos colher o resultado de cada uma de nossas ações, pode soar severa demais. Muitas pessoas – por exemplo, os *Vaishnavas* na Índia – se apegam à ideia de salvação pela graça porque, em grande parte, ela parece colocar de lado o *Karma* e os absolve da responsabilidade pessoal por seus atos. Outros acreditam que a intercessão de Jesus, ou alguma outra divindade, os salvará.

Precisamos ficar conscientes de como a mente vem a aceitar determinadas ideias. O que acontece quando uma ideia é apresentada à mente? Qual é o impulso que faz com que a mente a aceite? É porque a aceitação é muito prazerosa, há conforto em aceitar a ideia. É uma razão puramente psicológica. Freud talvez dissesse que é a busca pelo prazer de alguma forma. O princípio do prazer existe no mecanismo da consciência e, uma vez que atua mecanicamente, aceita aquilo que é prazeroso e descarta o que não é. Assim, o desejo de conforto se torna, realmente, um impedimento no caminho daquele que busca a verdade.

Algumas vezes se pergunta por que devemos buscar a verdade, se ela é tão dura e desagradável; por que não devemos preferir aquilo que é agradável àquilo que é real. Uma das *Upanishads* fala sobre o que é correto e verdadeiro em contraste com o que é prazeroso ou doce, e diz que o homem sábio preferirá o correto ao prazeroso. Podemos escolher o que é agradável no momento, mas por fim é a verdade que prevalece. Não podemos agir contra a verdadeira natureza das coisas e não sofrer quando, mais adiante, entrarmos em conflito com elas. Eu posso dizer a mim mesmo que não existe um muro à minha frente, mas se eu continuar a andar em sua direção, certamente baterei minha cabeça contra ele. A verdade é assim, podemos viver na ilusão por um tempo, mas a bolha vai estourar mais cedo ou mais tarde.

Como disse, matar o desejo de conforto não significa que temos que viver desconfortáveis. Há pessoas que, por várias razões psicológicas, obtêm prazer através do sofrimento. Por exemplo, um homem ciumento suspeita que o objeto do seu (assim chamado) amor gosta um pouco mais de outra pessoa que dele e, para justificar seu ciúme, vai procurar justamente por aquela evidência, que acarretará a maior das dores.

Depois somos instados: "Sê feliz como os que vivem em função da felicidade." [1.4.] Existe virtude em ser feliz; mesmo uma pessoa mal-humorada tende a ser agradável quando está feliz. A infelicidade não é a natureza das coisas, é uma doença do ser, como no caso do homem ciumento. O natural é ser feliz, mas, quando procuramos deliberadamente a felicidade, ela nos escapa.

Luz No Caminho começa assim:

> Antes que os olhos possam ver, devem ser incapazes de lágrimas...
>
> Antes que a alma possa estar na presença dos Mestres, seus pés devem ser lavados com o sangue do coração.

C. Jinarajadasa certa vez comparou essa passagem com o retumbante acorde de abertura de uma sinfonia que desperta a plateia e chama a sua atenção.

"Antes que os olhos possam ver, devem ser incapazes de lágrimas." Isso não significa, é claro, que devemos perder nossa capacidade de simpatizar ou de nos comover pelo sofrimento alheio. Devemos entender essas frases de uma forma diferente. "Antes que o ouvido possa ouvir, deve ter perdido a sua sensibilidade." Devemos transcender completamente nossa personalidade, dissolver o eu que está tão pronto a se ferir. "Antes que a voz possa falar na presença dos Mestres, deve ter perdido o poder de ferir." Algumas vezes temos de dizer algo que não é nada agradável para a outra pessoa ouvir, mas isso não é o que aqui se quer dizer por ferir. Um Mestre pode falar francamente sem tentar atenuar fatos desagradáveis, pois estamos tão aptos a ceder ao autoengano que, algumas vezes, é bom que sejamos colocados face a face com a realidade. Mas, realmente, não nos fere ter a verdade colocada diante de nós; ao contrário, isso nos ajuda. Assim, mesmo que um Mestre fale inequivocadamente e sem qualquer floreio, não existe de sua parte qualquer desejo ou inclinação para ferir.

Dizer que os "pés", os órgãos do movimento, devem ser lavados no sangue do coração significa que todo o ser precisa estar completamente transformado. Também pode significar a completude do sacrifício requerido. Claro, a alma já existe no mundo do Mestre, mas em uma condição de inconsciência ou semissono; para ali estar em um estado desperto, é preciso que toda a personalidade inferior seja descartada.

Em um determinado estágio, a personalidade deixa de existir a não ser como uma forma de individualidade espiritual – uso essas palavras no sentido com o qual elas são usadas na literatura teosófica. Não existe qualquer natureza pessoal no *Logos*, que se manifesta através do processo no qual o Espírito vivente, onipresente, individualizado é o centro.

O Espírito Supremo é Um, mas ele se revela através de uma multitude de diferentes formas, cada qual sendo uma manifestação única. Essas manifestações não são fixas e imutáveis, mas estão sempre se desenvolvendo. Conforme a forma evolui, mais da luz, do poder e da beleza daquele Espírito Universal único é revelado. Há, por assim dizer, um aumento de luz, brilhando "mais e mais até o dia perfeito". Uma vez que o Espírito Supremo está em toda parte, não há um único centro, mas um número infinito de centros de ação. Esses centros menores são lentes onde os raios da Luz são reunidos, e através dos quais brilha. Mas há um infinito para além desse brilho, não exaurido pelos processos dessa Consciência que pode se retirar de limitações autoimpostas.

Talvez isso possa soar difícil, mas há outro lado que é muito belo e parece ser fácil.

"Antes que os olhos possam ver, devem ser incapazes de lágrimas." Se somos incapazes de derramar uma lágrima, significa que não temos autopiedade, que somos capazes de olhar tudo diretamente na face. Não significa que estamos no "caminho da mão esquerda" ou que não estamos dispostos a contemplar o sofrimento alheio. Na verdade, em vez de virarmos a cara, permaneceremos no local e daremos a ajuda que nos for possível. Muito frequentemente, quando uma pessoa dá vazão às lágrimas, sente-se aliviada e sua compaixão se desfaz. Mas a verdadeira compaixão permanece. Todo o evangelho oculto é de compaixão e altruísmo. Se encontrarmos qualquer afirmação que vai de encontro a essa verdade fundamental, devemos colocá-la de lado ou dar a ela um nome diferente.

"Antes que o ouvido possa ouvir, deve ter perdido a sua sensibilidade." Se devemos aprender a ouvir as mais profundas notas da vida, devemos nos tornar menos sensíveis aos barulhos e perturbações do mundo exterior. Mais adiante, na parte 2, encontraremos a exortação "escuta a canção da vida" [5]. Devemos nos tornar tremendamente sensíveis às suas vibrações; do contrário, não a ouviremos.

"Antes que a voz possa falar na presença dos Mestres, deve ter perdido o poder de ferir." Não apenas o poder, mas o impulso de ferir devem desaparecer.

"Antes que a alma possa estar na presença dos Mestres, seus pés devem ser lavados com o sangue do coração." Esse sangue, ou força, flui do centro das coisas e circula através de todo o sistema. A natureza divina precisa, dessa maneira, permear todo o ser, de forma que até os pés que entram em contato com a terra sejam lavados pelo sangue.

Entendido literalmente, isso não parece ser um bom conselho, pois os sentidos físicos devem estar tão intensos e aguçados quanto possível. Mas "ser incapaz de lágrimas" é realmente ser incapaz de autopiedade. Raramente nossas lágrimas são provocadas por compaixão pura; há geralmente um elemento de autopiedade em quase todo tipo de lamento. Assim, antes que a visão seja desimpedida, a natureza precisa ser purificada da autopiedade e da autoestima. O ouvido "deve ter perdido a sua sensibilidade" no sentido de ser incapaz de se sentir ofendido. O significado da frase seguinte é bem claro. A última frase se refere ao espírito de autossacrifício que deve permear e purificar nossa natureza desde o seu centro até a sua circunferência. Esse verso se refere à personalidade do homem, e é uma espécie de resumo do que vem a seguir.

Então nos deparamos com sete impressionantes regras ou injunções que se iniciam com a palavra "mata"... Um ocultista não pode ser indiferente a isso; é preciso haver uma purificação minuciosa e completa de sua natureza. Por exemplo, se apenas uma pequena porção de ódio permanecer em seu coração, ele poderá reacender. Certa vez, o Senhor Buddha apontou para um fogareiro que queimava perto do grupo ao qual ele se dirigia, e declarou que, assim como este deveria ser totalmente apagado, de forma que nem mesmo uma brasa permanecesse viva sob as cinzas, assim também devemos extinguir o fogareiro do ódio, da ganância e da luxúria, que queima a integridade de um homem.

O conselho é dado: "Não vivas no presente nem no futuro, e sim no Eterno. (...) esta mácula na existência é removida pela própria atmosfera do pensamento eterno." [1.4.] Essa "mácula" surge da concentração no eu, que é o conjunto dos diferentes fios de consciência formados no decurso das minhas relações com as coisas externas, desenhado em um nó. Aqui estou eu, um ser consciente, me relacionando com muitas coisas. Minhas relações com essas coisas são os filamentos do fio da consciência. Quando eu digo "eu" ou "eu mesmo", eu puxo os fios e eles se concentram em um ponto; eu crio certa tensão com os objetos externos, e dessa tensão surge uma certa forma de individualidade. Isso quer dizer que existe uma forma que inclui várias experiências que eu tive e com as quais a consciência se identificou – eu tive isso, ou aquilo, ou aquilo outro. Tudo isso junto constitui a própria forma da minha individualidade. E essa é a "mácula na existência".

Mas ela é "apagada pela própria atmosfera do pensamento eterno" na qual o eu não existe. Como podemos criar essa atmosfera? Como podemos viver no eterno? Ou a atmosfera do pensamento eterno existe em algum lugar ou precisamos criá-la. Caso exista, como a penetramos? Caso tenhamos que criá-la, como fazê-lo? O fato é que o "como" não surge. Podemos continuar a perguntar como e nunca encontrar a resposta. Uma resposta pode até ser dada, mas continuaremos a perguntar: como isso, como aquilo? Nunca há uma resposta final.

A transcendência do eu pessoal, a dissolução do sentido de separatividade, o viver no eterno ou entrar em contato com o eterno formam um fenômeno conjugado, que ocorre simultaneamente. Não podemos dizer que primeiro devemos fazer assim e que através disso alcançaremos aquilo. Não nos livramos primeiro da separatividade e, imediatamente, obtemos uma revelação do eterno, nem nos plantamos primeiro no eterno para depois descobrir que o sentido de separação desapareceu. É apenas senso comum perceber que existe certa separação, porque somos centros de ação separados. As suas experiências, o seu passado, o seu temperamento são naturalmente diferentes dos meus. Nenhum problema é solucionado negando-se que ele realmente existe. Não devemos tentar escapar para a ilusão; seria simplesmente enterrar nossas cabeças na areia por um momento, de forma a podermos fingir que o mundo não existe.

Mas eu sou eu, e você é você. A própria ideia de um "eu" ou "você" é a corporificação da separatividade. Como posso, com uma parte de mim mesmo, que é a essência da separação, matar esses desejos que estão enraizados no egoísmo? É uma tarefa tão difícil quanto tentar me erguer pelos meus próprios calcanhares.

A separatividade que produz tensão e conflito está enraizada na possessividade; consiste em se tornar inflado, em buscar continuidade. Meus interesses são diferentes dos interesses dos demais, e se alguém atravessa meu caminho, eu o removerei.

Esse conflito não é apenas externo, pois, quando nos observamos, podemos descobrir que o conflito externo é transferido de um conflito psicológico. Essa é a causa de toda a nossa miséria e desespero, nossa falta de alegria, nossas existências infelizes. Estamos fechados em nossa prisão psicológica, concentrados apenas naquilo que desejamos, nos nossos objetivos, interesses e prazeres. Estamos em um estado de isolamento interno dos nossos semelhantes, vivendo em uma jaula que nós mesmos construímos. E, à medida que envelhecemos, a vida se torna cada vez mais mecânica, de acordo com os padrões e hábitos anteriormente estabelecidos. Podemos também nos encontrar encerrados por falta de simpatia, porque não nos preocupamos com os demais. O homem que é, digamos, patologicamente interessado em dinheiro, não consegue desfrutar da visão de uma linda flor porque seu interesse está concentrado em um outro lugar.

A raiz do mal é o eu em suas inumeráveis formas, que surgem em toda parte e ultrapassam toda a expansão dos nossos pensamentos e relacionamentos. O termo técnico e teosófico para isso é *Kāma-Manas*. Esse eu que se separa dos demais "vive e dá frutos no coração do discípulo devotado assim como no do homem voltado para o desejo", porque o homem que trilha o assim chamado caminho espiritual apenas transforma seus desejos, ele não os transcende. Muitos sustentam que devemos substituir uma espécie de desejo por outro, mas outros, como Krishnamurti, pensam que essa substituição não nos servirá de nada. Isso deve ser decidido por cada um, por si mesmo. Mas o que devemos entender é que essa raiz do mal deve ser completamente eliminada. Quando ela tiver sido totalmente expurgada, não seremos mais discípulos, pois, como vimos, até mesmo esses estão trilhando o Caminho e sofrem com a sombra do eu de uma forma ou de outra, buscando, talvez, importância ou posição. Podemos caminhar uma certa distância e ainda carregar conosco a raiz do egoísmo, mas eventualmente teremos que arrancá-la de nosso coração com grande sofrimento. Quanto antes começarmos esse trabalho, mais fácil será.

Quando uma pessoa tiver destruído completamente essa "raiz do mal" que assume tantas formas diferentes – ambição, amor pela vida, amor pelo conforto, amor pela sensação – ela já não será mais um discípulo, pois terá entrado em um curso que a levará para fora de toda experiência humana. Ela já não se identifica mais com qualquer interesse humano, mas se mantém longe deles. Seu estado está muito além da percepção humana e é impossível de descrever em termos que possam ser compreendidos pelo homem do mundo. Quando ela se afasta das coisas às quais esteve apegada anteriormente, quando deixa de se envolver a ponto de perder o contato com elas, passa para um novo reino "totalmente fora da percepção ou imaginação humanas", onde o que quer que sinta ou experimente não pode ser colocado em termos humanos. É tarefa de pessoas humildes, como nós, a de nos compreender e encontrar "o começo do caminho".

Encontramos "o começo do caminho" quando discernimos "a tênue estrela que arde no interior" [1.20]. E é dito que, quando chegamos ao fim do caminho, a luz interior "se transformará, subitamente, na luz infinita". Essa é a Luz que está em toda parte.

"Procura em teu coração a raiz do mal e arranca-a." [1.4.] A raiz do mal está na entidade complexa que é o eu separador — o eu que quer dominar, que quer prazer, que quer mais e mais de tudo.

A afirmação de que o mal "vive no coração do discípulo fervoroso, tanto quanto no do homem de desejos" é muito significativa. Estamos dispostos a pensar que, quando uma pessoa é um discípulo — ou um assim chamado discípulo — de um Mestre, ela deve ser incapaz de muitas coisas que pertencem à vida do homem comum, mas isso não é necessariamente assim. "Só o forte pode matá-la. O fraco tem de esperar que ela cresça, frutifique e morra. E ela é uma planta [a erva gigantesca] que vive e cresce através dos tempos", e por todas as nossas vidas. De fato, a entidade reencarnante precisa viver muitas vidas por causa desse eu.

"Aquele que pretende entrar no caminho do poder deve arrancar essa coisa do seu coração". Não trilhamos o caminho do poder a fim de satisfazer nossas ambições; no mesmo parágrafo ele é descrito como "a senda da vida". É uma forma de viver que intensifica enormemente nossas capacidades, nossa vitalidade, nossa inteligência.

Essa erva gigantesca, "esta mancha na existência é removida pela própria atmosfera do pensamento eterno". O eu separador cresce e se desenvolve através das eras. Mesmo quando a personalidade morre, as sementes permanecem e brotam repetidamente.

É cedendo a essas paixões que abafamos e silenciamos a Voz. A paixão que deve ser morta é aquele anseio e desejo de experiências anteriores às quais estamos apegados. Se não estivermos apegados às nossas experiências, elas se bastam por si só, e depois vem a paz. Todo desejo surge dessas experiências, mas a "chama" que pode irromper não vem daí; é uma chama espiritual, é a "paixão" da qual fala Krishnamurti.

Muitas pessoas se movem na direção correta, muito embora possam não ter qualquer consciência do mundo oculto. Dentre elas estão aquelas pessoas boas que são devotadas às suas famílias e que passam vidas de autossacrifício para poder sustentá-las. Mesmo que sua visão possa ser limitada, seu serviço pode ser mais puro que o do discípulo que, conscientemente, busca trilhar o caminho.

Não devemos nos deixar enganar pelas aparências. Uma pessoa pode estar em provação; ela pode ser um discípulo – pode ter sido aceita por um Mestre –, mas isso não faz dela, necessariamente, uma pessoa melhor que as outras. Devido ao seu *Karma* ou ao seu modo particular de desenvolvimento, ela fez certo contato, só isso; o que fará desse contato depende inteiramente dela.

"Mata todo sentido de separação." [1.5.] E a nota continua: "Não te iludas imaginando que podes apartar-te do mau ou do insensato. Eles são tu mesmo, embora em grau menor do que o teu amigo ou teu Mestre." É difícil entender que a outra pessoa somos nós mesmos em uma roupagem diferente, a menos que se vá até a raiz das coisas. O que somos nós? *Aos Pés do Mestre* nos diz, em palavras simples, que nós não somos o corpo, as emoções ou a mente. O que somos não pode ser descrito em palavras que encontramos no dicionário. No momento em que percebermos o que somos, saberemos que nossos semelhantes somos nós também, apenas de um modo diferente. A natureza essencial – o substrato da vida – é a mesma em tudo.

Todavia, é diferente perceber que o pecado e a vergonha do mundo também estão em nós; gostamos de pensar que eles pertencem aos outros. "E, antes que possas atingir o conhecimento, deves ter passado por todos os lugares, tanto os repugnantes como os puros." Precisamos atingir aquela condição na qual não sucumbiremos ao meramente agradável ou tentaremos escapar do desagradável. Precisamos deixar de ser afetados por qualquer um dos dois, ao mesmo tempo em que compreendemos o que se passa. "O homem que se tem por justo cria para si um leito de lama." Há muito desta untuosidade, hipocrisia e autorretidão nas pessoas religiosas, embora exista também em outras – por exemplo, em pessoas que se engajam na política, que pensam estarem certas e todos os demais errados. Ter uma disposição que seja religiosa no sentido comum não é uma vantagem do ponto de vista do Ocultismo. Pode ser que o homem que não seja particularmente religioso, no sentido normalmente aceito, seja mais capaz de ver e responder à verdade que aquele que tenha se tornado sofisticado e jesuítico em seu modo de pensar, que adora muitos ídolos em seu próprio santuário interno, que é obcecado com sua própria alma e salvação.

Agora, o discípulo precisa matar outra manifestação do seu eu pessoal – a sede de crescimento. Nós não queremos apenas viver, mas crescer, evoluir, alcançar. Porém, nosso crescimento deveria ser inconsciente como o da flor, natural e sem esforço. Caso tentemos forçá-lo de acordo com nossas próprias noções, projetaremos uma meta a partir da nossa posição atual e, portanto, não deveremos nos tornar muito diferentes do que somos agora. Mas se deixarmos o quadro se formar por si só, não construiremos o futuro a partir da nossa ignorância atual. Não nos preocupemos com nosso crescimento. Crescimento, desenvolvimento, expansão são leis da vida; então, deixemos que sigam seu curso. Não podemos nos elevar até um nível superior nos erguendo pelos próprios calcanhares.

Quando compreendemos que nosso isolamento egoísta é a causa de nossa infelicidade (e é importante que o compreendamos), podemos começar, como diz o aforismo 1.8, a crescer "como a flor, inconscientemente, porém intensamente ansiosa para abrir sua alma ao ar". O "ar" é o eterno, o atemporal. Na prática, o problema é resolvido quando deixamos de buscar obter coisas. Quando a mente se retira delas, seu interesse se volta automaticamente para as coisas superiores, de forma que começamos a entendê-las e apreciá-las.

Aquilo a que somos capazes de nos doar interna e completamente, mesmo que por um momento, é o eterno para nós; caso contrário, a palavra "eterno", como a palavra "absoluto", são apenas uma abstração. Nossa vida começa a mudar quando podemos nos entregar a algo sem qualquer noção de nós mesmos, pois teremos contatado o Real como o conhecemos. Esse contato se torna uma abertura para a entrada de forças que até então tinham permanecido dormentes. É apenas o começo, mas, uma vez iniciado, prossegue; a corrente continua a fluir, e o que foi feito não pode ser desfeito.

É somente nesse ponto que os aforismos de *Luz no Caminho* podem ser compreendidos. Até agora eles devem ter parecido ilógicos; a linguagem talvez tenha soado exagerada e os conselhos impossíveis e indesejáveis. (É claro que o que muitas pessoas querem é um conselho que lhes possibilite viver com seus pés em ambos os mundos!)

> Cresce como a flor, inconscientemente, porém intensamente ansiosa para abrir sua alma ao ar. Assim deves avançar para abrires tua alma ao Eterno. Mas é o Eterno que deve estimular a tua força e tua beleza, e não o desejo de crescimento. Pois no primeiro caso tu te desenvolverás na exuberância da pureza; no segundo te tornarás insensível pelo poderoso desejo de projeção pessoal. [1.8]

Precisamos dedicar nossa atenção e interesse àquilo que é belo, verdadeiro e bom. Talvez essas maravilhosas palavras nos façam sentir como que levados através do ar para algum lugar e lá deixados, sem saber o que fazer. Mas essas conquistas são melhores desenvolvidas na terra. Abrimos nossa alma ao Eterno quando não nos preocupamos com avanço, importância ou estatura pessoal, mas nos deixamos moldar pela Natureza.

A forma para viver a vida espiritual com a maior facilidade possível, assim como com o sucesso, é estarmos tão pouco preocupados conosco quanto possível. Podemos chegar a essa atitude quando obtemos a convicção que não há absolutamente nenhuma necessidade de nos preocuparmos com qualquer coisa. As coisas seguirão seu curso, nós seremos aquilo que somos, pois existe algo dentro de cada um de nós que *deve* se desenvolver na própria natureza das coisas. Por que ficarmos preocupados com esse eu miserável, com o desejo disso ou daquilo, perguntando-nos se estamos fazendo progresso, preocupando-nos sobre o que vai acontecer conosco depois da morte? Deixe tudo de lado.

Podemos nos interessar por qualquer coisa no céu ou na terra, desde que não nos projetemos nela. Então descobriremos que aquilo no qual estamos interessados nos revela sua história, transmite-nos uma mensagem. Olhe uma árvore, o voo de um pássaro; observe algum fenômeno humano, qualquer situação da vida. Se você, como individualidade, não está lá, mas é apenas uma consciência que ouve, que está interessada, que observa profundamente, que está preparada para receber o que quer que venha, você descobrirá que mesmo a mais simples manifestação lhe diz algo do mistério da vida.

Mantemos nosso interesse nessas verdades até o ponto em que as compreendemos como verdadeiras; mantemos nossas mentes nas grandes perfeições ou virtudes porque são muito sublimes; nós as mantemos para ajudar alguém que possa estar conosco no momento porque é bonito ser simpático e dar ajuda. Se nossa ajuda é espontânea e natural, nossa doação será significante e espiritual.

Conforme uma nota segue a outra, é o movimento que constitui a música, não as notas individuais. Da mesma forma, é possível viver nossas vidas despreocupadamente, naturalmente, e é assim que deveria ser.

Algumas pessoas perguntam sobre suas almas. Mas por que se preocupar com isso? Se a alma for imortal, não pode nunca morrer; se não for, então que pereça. Essas coisas se resolvem por si só, e qualquer preocupação conosco é realmente um grilhão. Quando percebemos isso, nós aceitamos a vida conforme ela nos chega; saímos para caminhar pela praia e observamos o que encontramos pelo caminho; voltamos para casa, e se há algum trabalho a ser feito, nós o fazemos. Não nos preocupamos com o futuro ou com a vida após a morte.

Viver dessa maneira não é irresponsabilidade, pois surge de uma profunda percepção da verdade das coisas, de uma compreensão madura. Somos capazes de viver dessa forma porque estamos dispostos a confiar nossas vidas à Lei.

"Não vivas no presente nem no futuro, mas sim no Eterno." [1.4.] Isso parece quase impossível de se alcançar, mas "no Eterno", na verdade, significa "fora do tempo". Existimos em espaço e tempo; há o passado, o presente e o futuro, e não podemos escapar deles. Mas devemos viver de maneira que, embora a mente possa pensar em passado e futuro, estejamos sempre no presente.

Em nossos pensamentos, nos movemos sobre uma escala que consiste de passado, presente e futuro. Podemos olhar para o passado ou, com base nas experiências passadas, construir o futuro. Quando percorremos essas divisões de tempo, o processo de tempo é estabelecido em nosso pensamento; isso é a causa da perpetuação do eu, que é uma entidade do passado e o produto de todas as experiências humanas passadas. Mas quando o processo de tempo não existe em nosso pensamento (e isso é um estado extremamente difícil de ser obtido), a "erva gigantesca" não pode florescer.

A "mácula na existência" é o eu que relaciona tudo a si mesmo – seus próprios desejos, seus sonhos, sua glória, sua preservação. Ela é "apagada pela própria atmosfera do pensamento eterno", embora isso não signifique o pensamento sobre algo que nós *chamamos* eterno. Formamos um quadro ou uma imagem, ou fazemos referência a uma experiência passada, e dizemos que essas coisas são eternas. Mas quando deixamos de pensar em referência ao passado e ao futuro, o eterno surge por si mesmo. Quando já não estamos mais recordando o passado e esperando que suas experiências perdurem, então estamos agindo no presente. O ensinamento budista diz que o Nirvana *é*; essa é a verdade das verdades, e o *Karma* (que é o seu complemento) é a causa do *samsara*. Mas, quando o *Karma* deixa de operar, há um lugar na consciência, na mente do homem, onde o eterno pode descer.

Esse assunto é difícil e devemos evitar considerá-lo em termos abstratos. As especulações filosóficas e as abstrações estão, em geral, completamente removidas de nossa vida diária, que apenas prossegue sempre do mesmo modo, enquanto os filósofos continuam a teorizar, afiando a sua capacidade de análise de conceitos intelectuais que não estão "aqui", em nossa vida real, nem "lá", no reino da verdade.

"Mata o desejo de sensação." [1.6.] Essas regras são para aqueles que desejam seguir o caminho do Ocultismo. Elas não são imposições, mas sim indicações de como devemos proceder se quisermos avançar e não permanecer parados ou andando em círculos. Matar o desejo de sensação não significa calar os sentidos ou destruir o processo de pensamento, embora, na Índia, muitas pessoas acreditem que, para serem espirituais, devem tapar os ouvidos, fechar os olhos e não sentir nada. Essa é uma depravação grosseira da verdade, mas a mente humana é capaz de todo tipo de distorções, como podemos comprovar observando o que está acontecendo no mundo. Os sentidos precisam ser afinados, claros e precisos. É o *desejo* de sensação que cria uma sede interna que precisa ser saciada.

Acompanhando essa regra, encontramos: "Aprende com a sensação e observa-a, pois só assim poderás começar a desenvolver a ciência do autoconhecimento e colocar o teu pé no primeiro degrau da escada." [1.8.] Toda sensação, quando a ela prestamos atenção, torna-se mais afiada; responderemos a ela mais vivamente. Precisamos observar como somos afetados pela sensação e que mudanças ela produz em nós. Há muito que aprender com relação aos movimentos que ocorrem dentro de nós. Somos apenas um pouco conscientes de nós mesmos. Talvez nosso universo interior seja tão vasto e complexo, e até mais significativo, que o Universo exterior. Portanto, precisamos iniciar a ciência de autoconhecimento. (É interessante notar que autoconhecimento seja chamado de ciência.) Devemos então conhecer cada vez mais os caminhos pelos quais nossa consciência responde, conhecer suas luzes e sombras, a perspectiva que ela assume.

Temos que matar todo o sentimento de separatividade, embora devamos nos manter "sós e isolados" [1.8]. Isso certamente soa paradoxal, assim como tantas outras frases em *Luz no Caminho*. Tanto a "separatividade" quanto a "solidão" dizem respeito à natureza interna do homem — à sua natureza psíquica e intelectual. Estar só significa não ser influenciado por propaganda, pressão, pelas condições do eu, por considerações de avanço e ganho pessoais; é não ser contaminado, ser independente dos outros, não reativo. Enquanto houver uma reação mecânica, esses elementos estarão atuando sobre nós. Mas quando não estamos contaminados, quando não dependemos dos outros para afeição, ganho ou autoridade, ou qualquer outra coisa, já não reagimos por força da necessidade. No entanto, isso não significa que não há resposta.

Quando vemos algo bonito, há uma resposta natural; mas essa resposta vem da pureza e integridade da nossa natureza, e é diferente da reação mecânica que ocorre como resultado do condicionamento. Todos nós somos condicionados de várias formas; gostamos de certas coisas, desgostamos de outras e carregamos essas experiências conosco. Nossas respostas partem de tais experiências e ocorrem automaticamente, mas como não temos consciência desse automatismo, pensamos que somos *nós* que reagimos, e não (como é o caso) o corpo, as emoções e a mente. Mas em uma natureza que é pura e não contaminada por outra natureza, existe percepção verdadeira. Isso quer dizer que a percepção não é modificada por qualquer sentimento do eu, por qualquer sentimento que a afasta do objeto da percepção. Quando vemos algo, mesmo algo que não conhecemos, existe um sentimento de afastamento; assim nossa percepção é modificada, inibida por um movimento de consciência que adere ao eu. Mas quando a percepção não é distorcida ou inibida dessa forma, existe uma total entrega ao objeto de percepção. Isso significa que todo o nosso interesse está voltado para aquilo que é percebido, o que implica certa doação da nossa natureza – que, na verdade, é compaixão ou amor. Existe também uma profunda harmonia entre a consciência que percebe e o objeto que é percebido.

"Manter-se só" não é ser exclusivo ou indiferente, nem assumir uma pose ou atitude. É estar desperto internamente, onde não há mistura de coisas – não há mistura da natureza pura da pessoa com as coisas que atraem ou repelem. Em um sentido, é um estado de não identificação. Nele há uma percepção completa, na qual nos identificamos com aquilo que é percebido; contudo, ao mesmo tempo existe uma não identificação.

Estar isolado, no sentido comum, é não ter relacionamentos; não há comunhão, não há troca de interesses ou ideias. Mas, quando nos mantemos "sós e isolados", existe um relacionamento que é puro e absoluto. O objeto que percebemos, para o qual damos nosso amor, está lá, não existe divisão entre nós e ele – ainda assim, não somos tingidos ou afetados por ele de maneira alguma; nossa própria natureza permanece intocada. O espelho não é distorcido pelas coisas que reflete, mas quando a imagem está ali, o espelho é esquecido por um momento e a imagem é tudo. O espelho está identificado com a imagem, mas, um segundo depois, ele vai refletir alguma outra coisa, e sua superfície não se modificou de nenhuma maneira. Essa é a natureza da consciência que está "só", embora se relacionando com tudo; ela permanece pura e, portanto, em certo sentido, absoluta.

A percepção não se dá apenas com os olhos, mas com o coração, pois há uma profunda resposta que é parte da percepção. Por exemplo, olhamos uma árvore. Talvez um botânico veja mais do que nós – e, ainda assim, sua percepção pode ser bastante superficial. A árvore revela sua beleza e significado apenas àquele que pode a ela responder sem julgamentos de qualquer espécie. Tudo vem com a própria percepção; não precisamos inquirir ou procurar através de qualquer processo de pesquisa. Quando estamos naquele estado onde percebemos tudo o que diz respeito à coisa em si, sua beleza, sua qualidade particular, o seu significado na paisagem simplesmente nos impressiona. Esse é um estado de consciência diferente do nosso estado comum. Pode parecer um pouco com o romancear, mas não é; podemos descobrir a verdade por nós mesmos.

Quando fazemos nosso primeiro contato com o eterno, a força do desejo é transmutada ou voltada para o interior. Para usar uma linguagem da Bíblia, precisamos colocar nossos corações em coisas acima e não em coisas abaixo. Nosso interesse se volta para algo que não somos nós; entretanto, é algo com o qual podemos nos identificar, para o qual podemos nos doar.

> Deseja unicamente o que está dentro de ti.
> Deseja somente o que está além de ti.
> Deseja somente o que é inalcançável.
> [1.9-11]

Aquilo que "está" em nós não é uma parte de nós, como normalmente entendemos; não é aquele componente "nós" que está, por assim dizer, fadado à dissolução, pois é atemporal. Aquilo que deve ser desejado está em nós no sentido de que é desapegado, puro e incorruptível; não sofre as influências que atraímos para nós mesmos. "O que está além de ti" é aquilo que nos transcende, enquanto produtos do tempo, do ambiente, como resultado do *Karma*. E como podemos desejar aquilo "que é inalcançável"? Certamente esse é um desejo tolo! Mas o desejo aqui referido não é dessa espécie; é desejo através de uma atração instintiva e natural, e não por escolha. Quando há algo extremamente belo, o coração simplesmente o segue, não consegue se conter.

"Pois dentro de ti está a luz do mundo — a única luz que pode ser projetada sobre o Caminho." [1.12.] Podemos concordar que assim seja, que exista apenas uma única luz, mas também aceitamos outras luzes. Dizemos que o amor é a coisa mais importante de todas, que ele supera todas as dificuldades, mas quando estas surgem, não nos lembramos disso e tentamos superá-las de outras formas. Respondemos intuitivamente a essa verdade, do contrário não a aceitaríamos, mas nossa natureza é mesclada e contraditória.

Essa é a "luz do mundo", porque, na realidade, existe apenas uma luz. A luz de *Buddhi* é aquela luz que permeia tudo, pois *Buddhi* é único em essência, diferentemente de *Manas*, que é individual. A luz flui através de nossa janela particular, mas uma vez que é uma luz universal, não pertence exclusivamente a nós.

Depois lemos: "Se fores incapaz de percebê-la dentro de ti, é inútil procurá-la em outra parte. Está além de ti, porque quando a alcançares já te perdeste." Você, enquanto entidade separada, não existe; você toca algo, o "você" se foi, então está fora do alcance desse "você".

"É inatingível porque sempre recua. Entrarás na luz, mas nunca tocarás a Chama." A consciência que se conecta com a Chama da Realidade – a chama do puro Espírito uno – se torna a luz, e, assim, a luz que resplandece externamente não atinge a Chama. A consciência não se conecta à Verdade de um modo físico, tangível, mas se torna a própria expressão da Verdade. Assim sendo, é a luz da Verdade que se manifesta na consciência. Nesse sentido, nós "entramos na luz", mas a Verdade mesma, em sua essência e completude, está sempre fora do nosso alcance.

Encontramos algumas injunções nesse livro que devem ser compreendidas de uma forma muito sutil. No livro *Talks on the Path of Occultism* (*A Senda do Ocultimo, Comentários sobre* A Luz no Caminho[9]), a Dra. Besant e C.W. Leadbeater as explicam de maneira clara e prática. Por exemplo: "Deseja ardentemente o poder. Deseja fervorosamente a paz. Deseja as posses acima de tudo." [1.13-15.] Essas palavras devem ser interpretadas de uma forma bem diferente das de um homem comum. Assim, está escrito que "o poder que o discípulo deve cobiçar é aquele que fará com que ele apareça como nada aos olhos dos homens" [1.16]. Isso não é o que o homem comum associa ao poder. "Posses", aqui, são aquelas que pertencem à alma pura e devem "ser possuídas igualmente por

---

[9] *A Senda do Ocultismo, Comentários sobre* A Luz no Caminho, C.W. Leadbeater e Annie Besant, a ser lançado pela Editora Teosófica. (Nota Ed. Bras.)

todas as almas puras" [1.16]. Nenhuma posse pode ser mantida exclusivamente, porque aquilo que é individual deve perecer. As posses da alma são realizações e faculdades evoluídas. A paz que deve ser desejada ardentemente é "aquela paz sagrada que nada pode perturbar, e no seio da qual a alma cresce como a flor santa no seio das lagoas imóveis".

O desejo daquilo "que está em ti" é a elevação da consciência em direção à natureza espiritual que é *Ātmā-Buddhi*. É a ligação da mente com os princípios superiores, com toda a consciência espiritual que se encontra no próprio coração do Universo.

"Deseja somente o que está além de ti." Aquilo que está além de nós é, na realidade, o que está dentro de nós; ambos são a mesma coisa. No livro *As Cartas dos Mahatmas*, Mestre K.H. [Koot Hoomi] explica que *Ātmā-Buddhi* não está "dentro" da constituição do homem, mas a transcende. Está realmente fora do nosso alcance, mas também podemos pensar como estando dentro, porque a mente se adapta à natureza de *Ātmā-Buddhi*, e isso é, na verdade, a realização que a Regra 11 nos intima a desejar.

"Deseja somente o que é inalcançável." Isso não significa que devemos buscar o inatingível; seria o mais insensato dos conselhos. Aquilo que parece ser inatingível (e talvez seja) é aquilo que é incondicionado, transcendente e eternamente livre. Pode ser que a mente não se una com *Ātmā-Buddhi*, mas apenas se adapte à sua natureza, pois *Ātmā-Buddhi* permanece isolado em sua própria esfera. Mas assim como o ferro se adapta ao movimento de um ímã, assim também a mente segue os movimentos de *Buddhi*. Porém, devemos nos manter abertos a essas ideias e aceitar quaisquer que sejam os conceitos que nos convêm no momento. A verdade pode ser diferente de tudo isso, ou pode incluir isso tudo.

Há três declarações que são qualificadas pelo que se segue:

> Deseja ardentemente o poder.
>
> Deseja fervorosamente a paz.
>
> Deseja as posses acima de tudo.
>
> Porém estas posses devem pertencer somente à alma pura, e devem ser possuídas, portanto, igualmente por todas as almas puras, sendo assim propriedade especial do todo apenas enquanto unido (...). A paz que deves desejar é aquela paz sagrada que nada pode perturbar, e na qual a alma desabrocha da mesma forma que a flor santa sobre as lagoas tranquilas. [1. 13-16]

Esse estado de desenvolvimento espiritual é tão delicado e sutil, particularmente nos primeiros estágios, que qualquer agitação pode destruí-lo.

"Deseja ardentemente o poder." Este não é o poder mundano, aquele que é o maior obstáculo para o homem comum. De fato, esse poder "que o discípulo deve cobiçar é aquele que fará com que ele apareça como nada aos olhos dos homens". "Por que não se contenta em ser nada?", pergunta Krishnamurti. Esse "nada", que na verdade é o Absoluto, longe de ser um estado de negatividade, é, na realidade, extremamente positivo.

É dito ao aspirante: "Deseja somente o que está dentro de ti", "o que está além de ti", "o que é inatingível" [1.9-11]. A ele foi dito que matasse o desejo por diferentes coisas, mas esse desejo é como a ânsia ardente da flor "de abrir sua alma ao ar" [1.8]. O que está dentro não pode ser obtido "porque sempre recua" [1.12], e assim "entrarás na luz, mas nunca tocarás a Chama" [1.12].

"Deseja somente o que está dentro de ti." Sabemos que desejo é esse? Se pensarmos nisso que está em nós como uma certa sensação, estaremos, na verdade, projetando a partir de nossas ideias atuais. Mas desejar o que está em nós é, na realidade, um movimento ardente da alma em uma determinada direção. Temos que nos mover adiante, ou melhor, interiormente; devemos ir além de nós mesmos.

Uma flor anseia pela brisa e pela luz; pelo que ansiamos internamente? Deve ser algo não apenas para nós mesmos, mas para todos. Podemos pensar nisso como uma condição de amor. O amor verdadeiro é uma forma de desejo, mas é também um movimento da alma onde não há desejo de sensação, onde não há desejo de posse. Esse desejo, que está além e dentro de nós, é a chama, o entusiasmo, um movimento em direção ao coração de tudo. Podemos experimentar isso, mas não conseguiremos explicar; se tentarmos, só poderemos falar em termos que são quase abstratos.

O conselho de desejar poder e posses é passível de grande incompreensão e, portanto, é explicado que essas qualidades devem ser possuídas "igualmente por todas as almas puras". O poder não é um tipo de controle secreto que pode ser exercido sobre as pessoas sem que elas saibam, nem permite que seu possuidor conduza tudo de uma forma sutil; ao contrário, é o que o fará "aparecer como nada aos olhos dos homens".

O desejo é um anseio puro, é um entusiasmo que não possui objeto. Se, por exemplo, dissermos que o nosso desejo é de libertação, seremos compreendidos? Se colocarmos em termos negativos, ou seja, desejo de libertação da rede de apegos, de se afastar de toda a experiência humana, compreendemos. Mas, quando o afirmamos positivamente, desejo do que é inatingível, do que está dentro de ti, do que está fora de teu alcance, então escapa ao nosso entendimento, porque nós não tivemos tal experiência, e, portanto, não sabemos o que é.

Observem a ordem na qual esses desejos são colocados: o que está em ti, o que está fora de teu alcance, o que é inatingível. Na terminologia teosófica, a conjunção dos dois primeiros se refere a *Ātmā-Buddhi*, aquilo que está dentro da constituição do homem e, ao mesmo tempo, transcende-o, pois possui uma qualidade superior àquilo que se manifesta em sua constituição, na forma como ele se vê. Inatingível, nesse contexto, significa inatingível a partir de baixo, do solo onde nos encontramos. A verdade deve vir até nós; não podemos nos elevar, erguendo-nos pelos próprios calcanhares.

Fomos constituídos de certa maneira, então como podemos nos elevar a partir desse estado? Mas podemos produzir algumas mudanças em nós mesmos que possibilitarão que a verdade desça até nós.

O amor a Deus, e o desejo no sentido de pura aspiração, é o que queremos significar aqui, pois, quando amamos Deus, amamos o que está dentro de nós, fora do nosso alcance, e que é inatingível. Mas não pode ser Deus como uma imagem que nós construímos com nossa própria ignorância, ou um deus de nossa própria criação. O homem entende Deus como uma imagem de si mesmo, com seus próprios desejos, vaidades, ciúmes e raiva, na forma como verificamos nas histórias sobre os deuses da Grécia. Os deuses indianos são um pouco melhores, e, apesar de algumas notas dissonantes ocasionais, existe uma boa parcela de verdade comunicada através dos mitos.

Desejar ardentemente o poder não significa desejar ser poderoso, usar o poder, irradiar poder. Essa talvez seja a ambição mais perigosa que existe.

"Deseja fervorosamente a paz." Queremos estar confortáveis, sem perturbações, livres de pressão. Mas nos disseram para matar o desejo de sensações, então essa frase não significa que devemos buscar a sensação da paz.

Existe certo estado de consciência no qual a pessoa percebe que não há distinção real a ser feita entre ela e os demais; então, o que quer que a pessoa possa ter é possuído por todos os outros, uma vez que não existe sentimento de posse individual das coisas.

> A paz que deves desejar é aquela paz sagrada que nada pode perturbar, e na qual a alma desabrocha da mesma forma que a flor santa sobre as lagoas tranquilas. [1.16]

C.W. Leadbeater salienta, em *Talks on the Path of Ocultism* (*A Senda do Ocultismo, Comentários sobre* Luz no Caminho), que o crescimento interno é um estado de conflito e agitação. O desenvolvimento das faculdades espirituais superiores é como o delicado crescimento de uma flor.

Um artista desenha uma linha curva sobre uma tela e sabe que esta é a curva mais bela possível. Ele possui uma percepção sensível de que ela está simplesmente correta, ela não pode ser minimamente alterada e permanece perfeita. Existe, similarmente, uma delicada percepção que pertence à natureza espiritual pura.

Uma pessoa pode dizer que não gosta de algo, e essa é uma afirmação legítima, mas ela não pode dizer que esse algo não é bom. Se um artista nos diz que algo é belo, não devemos concordar com ele se pensamos o oposto, e devemos reconhecer, para nós mesmos, que é assim que nos sentimos. Devemos exercer nossa liberdade com relação a tudo, seja na arte, na espiritualidade ou no que quer que seja. Devemos nos sentir livres para registrar nossas próprias impressões e experiências, sem, entretanto, imaginar por um momento que elas são necessariamente as respostas corretas.

> E o poder que o discípulo deve cobiçar é aquele que fará com que ele apareça como nada aos olhos dos homens.

Os prazeres sutis do poder desapareceram, pois o homem deixou de sentir satisfação com o seu exercício. Se ele pensa ser poderoso, é apenas uma intensificação do seu sentido de separatividade. Em outra parte, lemos que o homem individual, em si, não é nada. Toda a sua constituição pode ser analisada em partes: o físico, o astral e outros, e podemos ver como ela é formada. Quando ele é dissecado, descobrimos que, na realidade, ele é nada, é apenas um conjunto de *upādhis* – uma base, o solo sobre o qual algo repousa, ou, para usar a terminologia budista, um conjunto de *skandhas* – atributos e tendências carregados através da corrente de tempo e causação. Ele pode ter interiormente alguma qualidade do Absoluto e, uma vez que o Absoluto é impenetrável, ele aparecerá como nada. Se algo pode ser penetrado, torna-se relativo. Podemos penetrar o espaço, por exemplo, e fazer algumas descobertas; portanto, o espaço não é absoluto.

O aforismo 17 nos exorta: "Busca o caminho" – o que implica que há um caminho a procurar. O aforismo 20 nos diz: "Não o busques por qualquer via especial (...). O caminho, porém, não é encontrado só pela devoção, só pela contemplação religiosa, pelo progresso ardoroso, pelo trabalho com autossacrifício, pela atenta observação da vida... Todos os degraus são necessários para formar a escada." Essa é certamente uma declaração muito importante.

Pode parecer um pouco estranho essa regra vir depois de todas as outras, pois, se não estivéssemos realmente buscando o caminho, presumivelmente as outras regras não nos teriam sido dadas.

> No entanto, não te apresses em seguir adiante. Detém-te e reflete um pouco. É o Caminho que desejas ou será que existe, em tuas visões, uma tênue perspectiva de grandes alturas a serem escaladas por ti, de um grandioso futuro a ser atingido? [1.17]

O caminho que devemos buscar é o caminho interno. "Eu sou o caminho, a verdade e a vida", disse Cristo. Esse é o caminho que cada um de nós tem que encontrar – o caminho do Cristo-espírito interno, a corrente de vida espiritual que conhece o caminho. A natureza fundamental no homem, quando ele se torna desperto, marca o caminho que ele deve seguir. E esse caminho "há de ser buscado por ser o caminho".

> Procura o caminho recolhendo-te para o interior.
> Procura o caminho avançando ousadamente para o exterior.
> [1.18-19]

Recolher-se para o interior não significa que devemos nos tornar isolados. Existem duas condições que a psicologia moderna descreve. Há pessoas que estão "no tumulto" o tempo todo, querendo sair e fazer coisas. O segundo tipo se retira internamente, geralmente naquele estado tão onírico que nada de fora interessa.

Devemos agir: devemos sair e encontrar as pessoas, responder às várias exigências da vida, mas, ao mesmo tempo, devemos compreender nossos próprios processos internos. Devemos empreender esses dois movimentos juntos (não como um movimento de ir para fora, e no próximo, de recuarmos para o interior), e, então, avançarmos para dentro e para fora ao mesmo tempo.

Assim buscaremos o caminho e saberemos por nós mesmos pelo que ansiamos. Mesmo as palavras "pelo que ansiamos" não parecem corretas. Existe um anseio, isso é tudo. Não existe "nós", como uma espécie de entidade separada de nós. É somente um estado puro no qual não há separatividade, mas há um anseio: avançar. A única condição interna que se aproxima desse estado é o amor, pois no amor existe uma supressão do eu, mas ainda há um movimento, um fluxo; por isso sabemos que é um desejo daquilo que está no coração das coisas.

O caminho não está pronto para ser percorrido, ele precisa ser feito por cada um. Precisamos iniciar a partir do ponto onde nos encontramos e fazer nosso caminho à medida que avançamos. Isso requer autoconhecimento e observação constante. Também requer ação, pois não podemos desistir da ação sob o pretexto de que somos buscadores. Não devemos buscar sentados na poltrona.

Como buscar é explicado em frases marcantes. É dito que "a natureza total do homem deve ser utilizada sabiamente" [1.20]. Assim, o discípulo precisa conhecer a si mesmo e entender sua individualidade firmemente; ele precisa viver sua vida em relação aos demais; tem que considerar o que é uma ação correta e então agir. Ele não pode simplesmente citar livros ou se adequar a um padrão; precisa viver sua vida inteligentemente por si mesmo, e, a todo tempo, precisa descobrir o caminho durante o próprio processo de agir. Devoção, autossacrifício laborioso, estudiosa observação da vida – todos esses são passos necessários no caminho.

Devemos explorar e descobrir o caminho por nós mesmos; ele não está detalhadamente estabelecido. O avanço não pode ser pelo caminho da conformidade mental, mera aderência a padrões, fazendo o que nos dizem para fazer. Se um aluno em uma escola decide fazer ou expressar coisas da sua própria maneira, um professor incompetente ou não qualificado não ficará satisfeito com ele. Tal professor (ou líder religioso ou político) aprova completamente a pessoa que pode ser comandada, que pode ser enquadrada em um padrão; não gosta daquele que pensa de forma diferente. Mas o avanço no caminho não pode ser pela conformidade mecânica, pela mera aderência a padrões, fazendo o que nos dizem para fazer.

O texto continua: "A Senda deve ser buscada por si mesma, e não em função dos teus pés que a trilharão." O caminho não pode ser separado da vida. Ele é buscado porque é belo, não por ambição ou por algum ganho pessoal. É muito fácil nos tornarmos soberbos, caso percebamos que somos de alguma forma um pouco diferentes dos demais, ou que temos alguma capacidade ou habilidade não possuída pelos outros.

> Quando o segredo final desta grande lição for revelado, nele se abrirá o mistério do novo caminho – uma senda que conduz para além de toda experiência humana, e que está totalmente fora da percepção ou imaginação humanas.

A palavra "final" é usada com referência a um estágio de evolução, o caminho que estamos percorrendo. Precisamos sofrer uma transformação. Isso é algo totalmente diferente de tudo que já tenhamos experimentado antes, algo que é inútil tentar colocar em palavras. O fato de que existe esse "novo caminho" precisa ser aceito através da fé ou absorvido intuitivamente. J. Krishnamurti nos fala de um estado de consciência que se pode alcançar e de um movimento que ocorre nesse estado, que é indescritível. "Há uma outra jornada a ser realizada", diz ele; mas antes precisamos alcançar o solo a partir do qual essa jornada é possível.

> Os vícios dos homens tornam-se degraus na escada, um a um, à medida que vão sendo superados. [1.20]

O homem transcende seus vícios ao compreender que eles não lhe trazem felicidade nem expressam seu verdadeiro eu.

Podemos admitir nossas falhas e deficiências, mas sermos incapazes de nos livrar delas. Se quisermos superá-las, devemos compreender todo o processo do nosso pensamento e sentimento; precisamos ver através de nossas ações e reações – tudo isso constitui o próprio cerne das nossas fraquezas. Geralmente, a percepção de nossas falhas é superficial; é meramente uma aceitação do que emerge mecanicamente de nossas ações. Mas, se pudermos ver todo o "interior" de nossos vícios, sejam quais forem – ciúme, inveja, orgulho, luxúria –, e não nos deixarmos enganar por eles ou repeli-los, se pudermos neles penetrar e ver todo o processo da mente trabalhando, os vícios caem na escuridão e desaparecem.

> As virtudes do homem são, na verdade, degraus necessários que não podem de forma alguma ser dispensados. No entanto, embora criem uma bela atmosfera e um futuro feliz, são inúteis se estiverem isoladas. A natureza total do homem deve ser utilizada sabiamente por aquele que deseja entrar no caminho. [1.20]

Cada parte da nossa natureza deve ser usada. E, para fazê-lo, precisamos prestar atenção a ela, a fim de conhecê-la. Damos nossa atenção, nosso interesse a determinadas coisas; nossa vontade trabalha de determinada maneira, e agimos de uma certa maneira; esse é o nosso caminho e devemos procurá-lo. O caminho se inicia na base e gradualmente se estreita ou expande, e depois se perde na glória das nuvens iluminadas pelo sol.

> A Senda deve ser buscada por si mesma, e não em função dos teus pés que a trilharão. [1.17]

Ou seja, nós vivemos de um modo particular porque é a melhor maneira de viver, não porque isso nos levará a uma esperada eminência. Enquanto estivermos pensando em termos de obtenção, é sinal de que ainda não encontramos o caminho. Somente o teremos encontrado quando formos capazes de dizer: "Eu vivo e ajo assim porque é melhor e é o correto."

> Procura pela flor que desabrocha durante o silêncio que se segue à tormenta: não antes.
>
> Ela crescerá, se desenvolverá, lançará ramos e folhas, formará botões enquanto a tempestade prosseguir, enquanto perdurar a batalha. [1.21]

Mesmo quando estamos em conflito, quando algumas vezes fazemos o correto e, outras, o errado, quando hesitamos entre diferentes rumos, quando a vida está confusa, as folhas e os botões da nossa vida espiritual ainda estão crescendo.

> Porém, só quando toda a personalidade do homem estiver dissolvida e desvanecida – só quando for mantida pelo divino fragmento que a criou como mero instrumento de experimentação e experiência –, só quando toda a natureza houver cedido e sido submetida ao seu Eu Superior, é que o botão pode se abrir. [1.21]

O botão se abre quando não está obstruído pela personalidade. Há aqueles que se agarram àquilo que concebem ser a personalidade, mas eles não compreendem o que isso significa. Um Mestre de Sabedoria pode ter uma personalidade, mas esta é a expressão ou reflexo da individualidade e, em certo sentido, é criada momento a momento, de forma a se manifestar nos recantos externos da existência. Um Mestre pode criar uma personalidade que é apenas um instrumento em suas mãos. Tal criação é possível apenas quando, por assim dizer, tudo o que ficou para trás foi passado a limpo, e ele está livre para criar algo novo que expressará sua individualidade inata. Esse movimento de dentro para fora apenas pode acontecer quando o campo de consciência está limpo.

> Então haverá uma calma semelhante àquela que ocorre em uma zona tropical após uma chuva torrencial, quando toda a Natureza parece operar tão rapidamente que é possível vê-la em ação (...). E no profundo silêncio ocorrerá o misterioso acontecimento que comprovará que o caminho foi encontrado. Não importa como tu a chames. (...) É a flor da alma que se abriu.

A abertura da alma – o movimento a partir do interior – é comparada com o desabrochar da flor, que revela uma beleza até então escondida e espalha um perfume ainda não experimentado.

Está escrito que "para cada temperamento existe uma estrada que parece a mais desejável" [1.20]. É quase impossível descrever para outra pessoa como é o meu caminho – como eu me sinto com relação às coisas, como eu quero viver minha vida, o que realmente impulsiona meu entusiasmo, a natureza do amor que eu sinto. Tudo isso é realmente indescritível porque faz parte da essência da minha própria individualidade, que é diferente daquela de qualquer outro. Esse é o motivo pelo qual o livro diz que "cada homem é para si mesmo absolutamente o caminho, a verdade e a vida". É muito difícil perceber que o caminho, a verdade e a vida estão dentro de nós mesmos enquanto estivermos nos apoiando em coisas externas – naquela pessoa, naquele livro, ou qualquer outra coisa.

Assim, podemos entender de tudo isso que o Mestre é diferente daquilo que nós provavelmente imaginamos que ele seja. O verdadeiro relacionamento entre o Mestre e o discípulo é mais sutil, mais místico e mais interno do que imaginamos. É dito que "nada fora do eterno pode vir em teu auxílio", e em um sentido muito real isso é verdadeiro. Mas outros podem ajudar em certa medida, e o Mestre auxilia o discípulo assim como qualquer pessoa ajudaria outra.

Talvez o Mestre possa auxiliar de forma mais íntima e misteriosa. Ele age tanto interna quanto externamente. Ele pode dizer certas coisas, ou pode nos pedir para ajudá-lo em seu trabalho, e isso é agir externamente; ele age internamente quando nos torna parte de sua própria vida – em certa medida, de sua própria individualidade. Mas isso será sempre com o objetivo de nos fazer confiar apenas em nós mesmos; ele nunca nos ajudaria de modo a nos fazer depender dele. Muitos gurus e professores no mundo exterior esperam que seus alunos se conformem com certos padrões, tornando-os cada vez mais dependentes deles, e chamam a isso de devoção – mas tudo isso é muito diferente do que é indicado em *Luz no Caminho*.

Suponhamos que há algo que finge ser belo, mas que, na verdade, é feio. Se um homem pensa que é bonito, é porque não possui uma visão espiritual pura. Ele pode ter um rosto que muitas pessoas descreverão como glamoroso e atrativo, e se sentirão arrebatadas. Mas aquele que é sensitivo verá o egoísmo e a impostura que estão por detrás; para ele, esse rosto estará longe de ser encantador. Quando compreendemos isso, compreendemos muitas coisas – a natureza do engano, da sofisticação, da pretensão. Vemos através dessas falsificações e farsas, entramos em um entendimento mais profundo de tantas coisas.

O mesmo ocorre com relação às virtudes. Em *A Voz do Silêncio*, sete virtudes são mencionadas. Tudo depende do que nós consideramos como virtudes. Se uma virtude é a expressão de algo que vem do nosso próprio cerne, então é uma verdadeira autoexpressão, ou (se você quiser omitir a palavra "auto"), é uma expressão da verdade que está em nós.

Mas virtudes, como compreendidas pelo senso comum, não são suficientes se estiverem sozinhas, porque serão sempre superficiais. Algo muito mais fundamental deve tomar seu lugar – "A natureza total do homem deve ser utilizada sabiamente." [1.20]

A flor da alma espiritual é *Ātmā-Buddhi*. *Buddhi* é a natureza intuitiva, capaz de alcançar a verdade a partir do interior e não do exterior, através de algum processo de tradução ou decodificação, que é como normalmente fazemos. Vemos uma árvore através de várias vibrações ou sinais elétricos que convergem para os nossos olhos e passam pelo nervo ótico até o cérebro. Ali as frequências se tornam sensações que são reunidas de maneira que formemos a imagem da árvore. Mas há uma outra forma de conhecer, que é tornar-se uno com o objeto de conhecimento.

Buddhi, a alma espiritual, pode começar a germinar e a formar botões mesmo enquanto ainda existir conflito em nós, enquanto o eu inferior ainda estiver lutando contra o superior. Mas é somente quando toda a nossa natureza "tiver sido vencida e se tornado submissa ao Eu Superior" que poderemos desabrochar completamente, pois, quando isso acontece, não há mais qualquer conflito, porque não há elemento de egoísmo no Eu Superior.

É difícil explicar, ou mesmo comentar, a última parte desse livro, porque o que está dito dever ser sentido ou intuído mais adiante pelo próprio indivíduo; ele não permite muita explicação verbal.

> Os que pedem terão. Porém, mesmo que o homem comum pedisse perpetuamente, sua voz não seria ouvida. Pois ele pede só com a mente, e a voz da mente só é ouvida no plano em que a mente atua.

Ou seja, ele está pedindo algo que está além dos limites ou das medidas da mente. O que ele vê é meramente a partir de seu próprio entendimento, e assim não pode ser completo ou conter qualquer significado possível.

É apenas em um profundo "vazio" que a verdade do que é vem por si própria, e, a não ser que tenhamos algo daquele estado, não poderemos compreendê-la. O que se quer dizer aqui é que tudo que está incorporado na pura natureza da consciência deve ser esvaziado. A consciência é a própria sensibilidade. Os vários conteúdos e depósitos formados pela mente, que são os elementos que causam endurecimento e insensibilidade, devem ser dragados como a lama do leito de um rio.

O estado de existência vazia constitui a verdadeira forma de pedir. É a forma de buscar na qual não há busca, na qual a mente é preenchida com a verdade ou alguns aspectos dela. Mas apenas aqueles que sabem por experiência pessoal podem falar sobre isso.

"Ler, no sentido oculto, é ler com os olhos do espírito." E ler com os olhos do espírito é conhecer a própria alma das coisas, o significado de cada coisa individual, dentro do esquema da existência em relação à sua própria natureza e à natureza das outras coisas. Em um artigo impresso na edição centenária da revista *The Theosophist* (1931), HPB, fazendo referência à filosofia hermética, diz que temos que desaprender tudo o que foi aprendido, que o conhecimento tem que ser esquecido, e que apenas quando a alma estiver limpa seremos capazes de aprender da própria Natureza. Então tudo virá até nós em novas letras, novas palavras, novas frases. Mas apenas aquele que de alguma maneira tenha vislumbrado a verdade dessa declaração está em posição de dizer qualquer coisa sobre ela. Isso não pode ser provado no tribunal da mente, pois não é suscetível de argumentos a favor ou contra. Ou conseguimos enxergá-lo ou não, isso é tudo.

Então, ler com os olhos do Espírito é perceber aquilo que, em *A Voz do Silêncio*, é chamado de pensamento-alma da Natureza – não o pensamento que pertence à mente, mas o pensamento divino personificado na própria alma de cada coisa, o pensamento e os processos que, juntos, constituem a Natureza. Esse pensamento é diferente do nosso pensamento, que é, em grande parte, uma reunião de ideias e noções – uma espécie de construção artificial.

Apenas quando toda a natureza tiver se submetido ao Eu Superior é que seu inteiro potencial começará a se manifestar. Assim, toda a vida e todos os aspectos da existência devem ser entregues àquilo que está tanto dentro quando além de nós. É misterioso e inatingível, mas sempre nos impulsiona adiante.

É o florescimento de todo o nosso potencial que está descrito aqui como o desabrochar do botão – o botão da alma. É também o momento da percepção – a percepção pura, na qual percebemos a verdade, qualquer que seja ela. Está descrita em palavras altamente místicas: "É uma voz que fala onde não há ninguém para falar... um mensageiro sem forma nem substância." Essa "flor da alma" se abre das profundezas de nossa natureza mais interna, no silêncio que se segue à tormenta.

Luz no Caminho nos diz que entrar em contato com a Voz, o desabrochar do botão, é algo que não pode ser descrito em palavras; por isso as metáforas são empregadas, e as próprias metáforas são inadequadas. Mas esse acontecimento pode "ser pressentido, buscado e desejado mesmo em mcio ao furor da tempestade". Devemos alcançá-lo, mesmo antes que possamos realmente compreender o que ele significa, e podemos desejá-lo, mesmo como nos encontramos agora.

O silêncio também é descrito como "a pausa da alma", que é um "momento maravilhoso", e é essa pausa, essa maravilha, que é necessária para a verdadeira percepção. Essa percepção não é o aprendizado que se resume a uma mera acumulação de fatos; é realmente o desabrochar das pétalas da alma, e nesse estado podemos aprender tudo na Natureza.

Além disso, essa percepção direta está mais na natureza do sentimento que do pensamento. Ela só é possível quando a mente é mantida em tranquilidade e quietude. Tem que ser criada a partir de tudo o que é positivo e tornada perfeitamente negativa antes de sermos capazes de sentir a verdadeira natureza das coisas. Até mesmo uma mente inquieta pode ficar comparativamente quieta por um momento, mas apenas quando todo o desejo for arrancado, quando existir certa pureza em nossa natureza, é que aquele silêncio se tornará habitual. E para arrancar esses desejos, precisamos observar, ficar atentos e compreender o processo do nosso próprio pensamento.

Existe certa conexão entre aquilo a que chamamos de ego e a personalidade, e, através dessa conexão, a personalidade pode se elevar a um estado no qual pode ser dito que o Ego espiritual se encontra. Se pudéssemos vislumbrar esse estado em um momento de percepção, a memória dessa experiência permaneceria em nós, e seria o suficiente para impulsionar a alma adiante para sempre.

A diferença essencial entre os ensinamentos da primeira parte de *Luz no Caminho* e da segunda parte está indicada na regra 1.21: "Procura pela flor que desabrocha durante o silêncio que se segue à tormenta."

A tormenta pode eclodir em nossa vida emocional e enfurecer nosso mundo mental. Ou pode não nos parecer sequer como uma tempestade; é mais frequente que sejam apenas os pensamentos que fluem pela nossa mente – a tagarelice que ali se faz a toda hora, mesmo quando nossos lábios estão cerrados. Mas, observando a partir do ponto de vista daqueles desenvolvimentos posteriores, que só podem ocorrer em uma atmosfera de paz e tranquilidade, essa inquietação mental é como uma tormenta cujos ventos tornam impossível que as delicadas gavinhas[10] da mais fina natureza se fixem. A tormenta pode enfurecer-se no coração (geralmente de forma mais feroz), ou pode ser (como ocorre na maioria das vezes) um tipo de vento moderado; porém, apenas quando ele é contido pode a flor desabrochar na alma.

O comentário indica o que é preciso ser feito para que isso se torne possível. É chamado de o "momento glorioso", que marca o começo de um rumo inteiramente novo. O que ocorre agora está indicado, de certa forma, na segunda parte do livro.

Só depois de a alma ter-se "aberto" é que se começa a aprender aquelas coisas que devem ser aprendidas, ou que são dignas de serem aprendidas.

> Portanto, na Sala do Aprendizado, quando ali for capaz de ingressar, o discípulo sempre encontrará o seu Mestre. [1.21]

Essa Sala do Aprendizado não é a mesma que a Sala da Instrução mencionada em *A Voz do Silêncio* [1.26]. Aqui está indicado que o discípulo está começando a aprender a verdadeira natureza de tudo, ele lê tudo "com os olhos do Espírito".

Em nosso estágio inferior, não percebemos com os olhos do Espírito. É a mente que ocupa todo o estágio e representa todos os papeis.

> Porém, mesmo que o homem comum pedisse perpetuamente, sua voz não seria ouvida. Pois ele pede só com a mente, e a voz da mente só é ouvida no plano em que a mente atua.

Pedir mentalmente é inútil. Todos nós sabemos que a mente pode solicitar, ser educada e prometer, sem que realmente cumpra o que diz.

---

10 Gavinha é um órgão preênsil presente nas plantas trepadeiras. São estruturas filiformes, simples ou bifurcadas na extremidade, com a função de agarrar ramos, galhos, folhas ou qualquer outro objeto que sirva de apoio para a planta em crescimento. Fonte: Wikipédia. (Nota Ed. Bras.)

O estado no qual o verdadeiro aprendizado pode ocorrer só é possível quando tivermos desaprendido tudo, quando a mente tiver se tornado sensitiva, quando pudermos olhar para tudo com olhos puros e inocentes. É aquele estado no qual a própria Natureza começa a nos instruir, e assim percebemos que, como Shakespeare diz, "os córregos murmurantes são livros, as pedras expressam sermões".

A passagem final da primeira seção nos diz: "Procura pela flor que desabrocha durante o silêncio que se segue à tormenta: não antes." [1.21]

Estamos na tormenta quando estamos agitados, inquietos e perturbados. Precisamos alcançar aquele silêncio da mente no qual não estamos constantemente pensando involuntariamente. Usando as palavras de Patanjali, temos que promover a "cessação das modificações da mente". Moldamos e formatamos, o tempo todo, diferentes formas-pensamento, lançando-as para fora. Esse processo deve ser encerrado, de forma que não haja um único movimento desnecessário da mente. Essa é a condição de silêncio no qual a flor desabrocha. É esse estágio intangível que está dentro e além de nós. É a verdadeira natureza do homem – aquele divino fragmento interior que agora começa a surgir e expressar sua própria natureza.

O eu inferior – o eu-personalidade que se mantém separado dos demais – precisa ser destruído. Somente quando ele tiver desaparecido completamente é que a flor (que é extraordinária, muito além da imaginação) poderá desabrochar da maneira mais inesperada. Não sabemos como a mente divina se expressará. É algo absolutamente desconhecido e, portanto, não pode ser imaginado antecipadamente. Quando a flor desabrocha – quando a natureza interna está definida e nitidamente manifestada –, a vida espiritual se inicia.

Não importa como tu a chames; é uma voz que fala onde não há ninguém para falar – é um mensageiro que vem, um mensageiro sem forma nem substância; ou antes, é a flor da alma que se abriu. Este acontecimento não pode ser descrito por qualquer metáfora.

A orientação interna vem do Eu Superior. É o desabrochar da flor da alma, a Voz do Silêncio, o Mensageiro das Alturas. Pode ser descrita de qualquer dessas maneiras e todas são corretas.

Pode ser pressentido, buscado e desejado mesmo em meio ao furor da tempestade.

Ou seja: mesmo em meio à agitação, esse evento divino, que deverá surgir na vida do aspirante, lança sua luz.

A terceira seção de *A Voz do Silêncio* fala em "afastar" todo pensamento, e, ao mesmo tempo, ser preenchido com alma-pensamento. Nosso processo de pensamento é, como já dissemos, muito de invenção, imaginação e suposição, baseado em numerosas impressões superficiais. É disso que temos de nos "afastar", e esse processo é inevitavelmente árduo.

O vazio ao qual nos referimos pertence a um estado de consciência no qual toda partícula do nosso ser está altamente sensível. É um vazio parecido com aquele espaço de onde tudo foi removido. Todavia, está longe de ser negativo ou tedioso. É o *Ākāsa*,[11] que é de uma sensibilidade tão extraordinária que pode registrar o menor dos movimentos.

---

[11] *Ākāsa* (sânscrito): a sutil supersensível essência espiritual, que preenche e penetra todo o espaço. *Glossário Teosófico*, Ed. Ground, 7ª edição. (Nota Ed. Bras.)

"Porém, aprender é impossível até que a primeira grande batalha tenha sido ganha." [1.21.] Aprender com intuição pura, aprender a verdade não contaminada por qualquer noção falsa, é muito diferente do aprendizado verbal, e só é possível para aquele que está apto a perceber. "A mente pode reconhecer a verdade, porém o espírito não a pode receber." Assim, é feita uma distinção entre o reconhecimento da verdade e o seu recebimento, pois você próprio é a verdade. Ou seja, o que quer que tenha sido realizado permanece com o discípulo. "A Voz do Silêncio permanece em seu interior e mesmo que ele abandone por completo a Senda, um dia ela ressoará e fará com que ele se sinta distante, separando as suas paixões das suas possibilidades divinas."

A passagem conhecida como As Três Verdades é citada do livro *O Idílio do Lótus Branco*,[12] de Laura Holloway, que o escreveu sob o pseudônimo de Mabel Collins.

> A alma do homem é imortal e o seu futuro é o de algo cujo crescimento e esplendor não têm limites.
>
> O princípio que dá a vida mora em nós e fora de nós, é imortal e eternamente benéfico, não é ouvido, nem visto, nem apreendido pelo olfato, mas pode ser percebido pelo homem desejoso de percebê-lo.
>
> Cada homem é o seu próprio e absoluto legislador, o dispensador da glória ou das trevas para si próprio; é o decretador de sua vida, recompensa e punição.
>
> Essas verdades, grandes como a própria vida, são simples como a mente mais simples dos homens. Alimentai com elas os famintos.

A primeira verdade fala da imortalidade da alma e da individualidade espiritual do homem; a segunda se refere à origem da vida universal; a terceira, ao *Karma*. Espírito, vida e *Karma* atuam no campo da matéria, mas a matéria não tem jurisdição sobre o Espírito.

Existe uma afirmação incondicional de que "cada homem é para si próprio absolutamente o caminho, a verdade e a vida". Che-

[12] COLLINS, Mabel. *O Idílio do Lótus Branco*, Brasília: Editora Teosófica, 2018. (Nota Ed. Bras.)

gamos a esse estágio quando encontramos a luz dentro de nós; quando descobrimos o nosso caminho. Isso não quer dizer que eu vá me tornar egocêntrico, que eu seja minha própria lei, que eu seja superior a todos os outros ou que eu não me importe com o que qualquer outra pessoa pense.

Há, no mundo, muito da inércia do mal, que arrasta as pessoas para baixo. É a alegria do homem que encontrou o Caminho que diminui um pouco desse *Karma* — não seu próprio *Karma* (embora esteja incluído), mas o *Karma* do mundo com o qual ele se identifica.

Estamos convencidos de que realmente somos o caminho, a verdade e a vida para nós mesmos? No que diz respeito a viver a vida espiritual, temos que nos basear inteiramente em nosso próprio entendimento. Não adianta fazer grandes declarações se não o percebemos realmente por nós mesmos. Se não sentimos sua verdade por nós mesmos, é estupidez dizer que devemos aceitar as palavras; elas não terão significado para nós.

Onde nos leva o caminho? Que tipo de futuro se estende diante de nós?

> Quando, após eras de luta e muitas vitórias, a batalha final for ganha e o último segredo buscado, então estarás preparado para um caminho ulterior. Quando o segredo final desta grande lição for revelado, nele se abrirá o mistério do novo Caminho — uma senda que conduz para além de toda experiência humana, e que está totalmente fora da percepção ou imaginação humanas. [1.17]

A batalha é contra as forças de nossa própria natureza - nossa inércia, nosso condicionamento. Nesse caminho conheceremos coisas, não através das reações limitadas do eu pessoal, mas em sua verdadeira natureza e em sua plenitude.

A primeira seção de *Luz no Caminho* se encerra com a benção: “*A paz esteja contigo.*” Certamente que é assim que também deveríamos falar para as outras pessoas.

Segue-se, então, um triângulo equilátero. Ele simboliza as Três Verdades que estão incluídas neste livro e que são muito mais profundas do que nós talvez possamos perceber. Nós não sabemos o que é "a alma do homem", nem possuímos qualquer concepção desse tipo de crescimento ou esplendor sem limites. O mesmo ocorre com relação às outras duas afirmações e a tantos outros temas neste livro. Não precisamos batalhar com essas afirmações ou lutar com seu significado. Basta lê-las sem esforço, ver o que elas dizem e considerarmos o significado por nós mesmos.

II

Agora chegamos à segunda parte de *Luz no Caminho*, que se inicia com: "Do seio do Silêncio, que é a paz, uma voz ressoante se elevará." É o silêncio da mente que produz a paz; a paz não pode ser obtida com a repressão das atividades da natureza individual. Essas tendências que chamamos de más, e que produzem conflito e miséria, não são eliminadas através da repressão; a psicologia nos diz que o quer que seja reprimido fica oculto e cria um complexo. Somente quando tomamos conhecimento de sua existência é que podemos lidar com elas e removê-las.

Esse profundo silêncio existe naquele estado de vazio do qual já falamos. Quando compreendemos nossos desejos, vemos que eles são ilusórios e irreais, que produzem dependência e geram conflito e miséria; então os deixamos de lado e paramos de correr atrás deles. Paramos de buscar coisas que não valem a pena, a tagarelice da mente cessa, e há paz.

Nesse livro oculto e místico, *Escritos Esotéricos*,[13] de T. Subba Row, há uma referência à Voz que pertence ao Primeiro Raio e que nos encontra em algum ponto da Senda, instruindo-nos. Não sabemos exatamente o que é, mas é como um mensageiro da Mônada, o *Logos*, nas profundezas de nosso próprio ser.

---

13 ROW, Subba T. *Escritos Esotéricos*, Brasília: Ed. Teosófica, 2019. (Nota Ed. Bras.)

> E esta voz dirá: "Não está certo; colheste, agora deves semear". E, sabendo que essa voz é o próprio silêncio, obedecerás. [Parte 2, Prólogo]

Essas palavras referem-se a semear a semente que nutrirá as necessidades espirituais do mundo.

> Tu que és agora um discípulo, capaz de ficar de pé, capaz de ouvir, capaz de ver, capaz de falar, que venceu o desejo e atingiu o autoconhecimento, que viu a alma desabrochando e a reconheceu e ouviu a Voz do Silêncio — vai à Sala da Aprendizagem e lê o que ali está escrito para ti.

É preciso que isso seja compreendido em um sentido místico, mas não há nada de imaginário ou vago aqui. Capaz de "manter-se firme" significa ter confiança, manter a própria integridade, permanecer não influenciado por qualquer coisa externa e não se deixar abalar por correntes conflitantes. Pode também significar manter toda a atenção no ponto de compreensão e confrontação com a verdade. Devemos sempre estar alertas e em plena posse de nossas faculdades.

Ser "capaz de ver" é perceber a verdadeira natureza das coisas, e não apenas seu aspecto superficial. A palavra "percepção" possui um significado diferente de ver; significa ver como resultado de prestar atenção. E o que é que nós "ouvimos"? Ouvimos o tom da Voz, a melodia, a natureza das coisas.

Cada coisa individual na Natureza possui certa forma e aspecto, e pode ser considerada uma peça na arquitetura divina. Desenvolve em si a música de sua existência se solidificando em uma forma particular que, se possuirmos os sentidos corretos, poderemos ver. A forma e natureza de uma árvore, por exemplo, foi esculpida pela voz a ela subjacente — pelo som que é a Palavra Criativa universal. Dentro de cada ser individual existe um pensamento divino, e a sua expressão é a voz divina que pertence a esse pensamento. "Ouvimos" seus tons e ela nos fala de dentro da forma, pois é uma expressão do pensamento nela personificado.

Ser "capaz de falar" é ser capaz de enunciar a mais profunda verdade — o mistério dentro de si mesmo. Quando a alma tiver ouvido "a Voz do Silêncio", ela compreenderá que "a única direção verdadeira vem do interior", e que pode guiar a si mesma pela luz de seu próprio entendimento.

Ir à Sala da Aprendizagem é entrar no estado em que o aprendizado se torna possível.

Não pode haver nada mais belo que ser capaz de aprender com tudo o que acontece, mas só começamos a fazer isso quando toda a personalidade tiver sido "dissolvida e fundida", como anteriormente descrito. Apenas quando isso tiver sido realizado – quando formos capazes de aprender com a própria Vida – é que poderemos "escutar a canção da vida".

"Escuta-a primeiro em teu próprio coração." [2.5.] Mas não podemos fazê-lo até que tenhamos obtido a perfeita calma e a habilidade de ouvir com toda a atenção e interesse, sem sermos distraídos por qualquer outra coisa. A única maneira de findar todo o pensamento infrutífero e barulhento é não se interessar por ele.

Caso percebamos que a mente procura outras coisas quando tentamos meditar, é porque ela está interessada nessas coisas. Somente quando essas coisas deixam de nos atrair é que podemos alcançar um estado de quietude. Até lá, sempre que trouxermos a mente de volta, ela vagueará novamente pelas antigas trilhas. É como tentar conter uma criança à força; quando nossas mãos relaxarem, ela fugirá novamente. Como diz a *Bhagavad-Gitā*: "Tudo tem lugar de acordo com a natureza; do que adianta a repressão?"

Mas precisamos ser equilibrados sobre isso. Precisamos nos controlar, precisamos alcançar o entendimento de que certo quadro mental que consideramos agradável e atrativo pode não ser aquilo que parece; ele representa uma experiência que não nos satisfará. O quadro é criado por meio de certo automatismo e, enquanto estamos nos entregando a essa fantasia em nossas mentes, estamos na verdade limitando o círculo de nosso interesse. Precisamos alcançar essa convicção, e então abandonar o pensamento e passar para outra coisa. Mas, depois de algum tempo, podemos notar que o pensamento surge novamente; aquela convicção que tínhamos ontem, hoje já não está mais presente. Isso se dá porque nossa percepção não foi tão completa quanto deveria. Nesse caso, precisamos novamente perceber a falsidade do quadro e nos recusar a sucumbir à sua sedução. Novamente, apenas coloque-o de lado e volte seu interesse para alguma outra coisa.

Existe um lugar para exercitar nosso autocontrole. É correto que a *Bhagavad-Gitā* pergunte: "Do que adianta a repressão?", mas certas situações surgem quando, por uma sabedoria interna, decidimos fazer algumas coisas em vez de outras. E isso é bom; devemos ser capazes de direcionar a mente e regular seus movimentos. Algumas pessoas nos dizem que o controle de qualquer tipo é ruim; isso é tanto uma generalização quanto uma meia-verdade.

Escuta a canção da vida. [2.5]

Uma vez que a intuição tenha se aberto em nós, somos capazes de ver a verdadeira natureza das coisas. Precisamos aquietar a mente e escutar o canto que se pode ouvir na Natureza. Há uma nota definitiva no sussurro das folhas, no som do oceano, no canto de um pássaro. "Procura-a e escuta-a primeiro em teu próprio coração" [2.5], pois agora a melodia natural do coração começa a ser ouvida. O coração é aquela condição da nossa natureza que, como as profundezas do oceano, é imperturbável, enquanto a mente é a superfície constantemente agitada.

Mas não é meramente uma questão de ouvir. É mais um processo de aprendizado com tudo na Natureza, de forma a não necessitarmos de um professor externo. Cada contato feito por nós, tudo o que é encontrado, cada fenômeno, nos toca de alguma maneira, trazendo à tona o que está por dentro.

Ao mesmo tempo, temos que agir; temos deveres e responsabilidades e, muito frequentemente, temos que nos envolver em uma batalha com as circunstâncias. E aqui um conselho é dado: "Mantém-te apartado da batalha que se aproxima e, embora lutes, não sejas tu o guerreiro." [2.1.] Quer dizer: precisamos ser impessoais, nos abrirmos à orientação interna, e então agir – não apenas reagir. A verdadeira ação ocorre no mais profundo de cada um, mas é o Guerreiro que age.

Nós não somos chamados para desfrutar de um tempo agradável, pacífico. Existe muito erro e desordem no mundo, e somos chamados a ajudar na redução da dor mundial. Mas devemos fazer isso calmamente, sem qualquer ressentimento ou rancor, de uma maneira impessoal, sem agitação, sob a direção do Guerreiro a quem obedecemos na batalha. Assim, por um lado devemos escutar, aprender, ser sensíveis, e, por outro, há esse chamado para desafiar o mal e para que estejamos dispostos a pagar o preço, caso isso signifique desafiar uma autoridade. Não devemos pensar nas consequências – sejam agradáveis ou desagradáveis –, mas apenas no melhor a fazer e naquilo que podemos fazer. No mais alto estado espiritual não há elemento de desejo ou de medo.

Escutar o som da vida pode parecer muito diferente de deixar o Guerreiro agir dentro de nós, mas as duas ideias são a mesma coisa. Podemos escutar o som da vida e, ao mesmo tempo, agir de acordo com as exigências da situação; e agirmos tão impessoalmente que não seremos nós os atores, mas algo muito maior, que parece tomar conta de nós e agir através de nós de uma forma secreta e irreconhecível.

> Existe uma melodia natural, uma fonte oculta em todo coração humano. Pode estar oculta e completamente escondida e silenciada – mas lá está.... Porém, sob toda vida existe uma forte corrente que não pode ser detida; as grandes águas na realidade ali estão. [2.5]

Cada um de nós possui uma qualidade que é unicamente nossa, e que é capaz de se expressar em uma variedade de formas. Essa expressão é contínua, é como uma melodia ininterrupta percorrendo cada uma de nossas vidas. Se pudermos encarar a vida com um espírito de autonegação, nossa resposta a ela produz dentro de nossa própria natureza certa harmonia, que é a natureza daquilo que percebemos. Podemos acolhê-la porque não existe obstrução ou barreira, ou qualquer tipo de preconceito dentro de nós.

É a mente que diz não poder ouvir a melodia. É claro que não poderemos ouvi-la se estivermos pensando nela, se estivermos nos esforçando para percebê-la. Assim, a mente precisa ser silenciada por um tempo, pois somente quando isso é feito somos capazes de escutar e ouvir. Se já tivermos experimentado fazer isso, mesmo que por um instante, sabemos que é verdadeiro.

"A própria vida tem uma fala e nunca está silenciosa." [2.8.] A vida tem uma mensagem para dar, e essa mensagem somente pode ser recebida dentro de nós mesmos. É uma "canção", não um "grito". Podemos observar "com seriedade toda a vida" ao nosso redor [2.9] quando nossa atenção se volta para cada coisa, e cada coisa nos impacta. Somente assim aprendemos "a olhar inteligentemente os corações dos homens" [2.10]. Até lá, podemos apenas suspeitar, supor, atribuir motivos e, ocasionalmente, em um momento de simpatia, compreender como funcionam os pensamentos e as emoções de uma outra pessoa. Mas o que vai realmente em seu coração será um livro fechado para nós, até que tenhamos aprendido a olhar inteligentemente e assim perceber sua qualidade única.

Para aprender a ouvir com todo o seu ser, você precisa estar livre das intervenções de seus pensamentos; então, esse ouvir trará por si mesmo o silêncio e a paz. E, assim ouvindo, você descobrirá que a canção da vida está "certamente dentro de ti. Procura-a em ti e, uma vez que a tenhas ouvido, mais prontamente a reconhecerás ao redor de ti." [2.5] Você verá a beleza, a poesia em todas as coisas.

Existem diversas forças trabalhando no nível material e que no presente estágio de evolução ou processo universal parecem agir de forma aleatória. Mas, quando olhamos para qualquer organismo vivo, percebemos que todas as energias ali trabalhando são perfeitamente coordenadas e lindamente sincronizadas.

Quando subimos até o nível espiritual, não é sequer uma questão de coordenação – agora, a harmonia é o fator significante. Qualquer músico sabe que a harmonia em uma música é bem diferente da mera coordenação de notas; ela possui um significado superior e mais profundo.

> Só fragmentos da grande canção te chegarão aos ouvidos enquanto fores apenas um homem. [2.8]

Somente quando nos colocamos em um estado de ouvir podemos escutar o canto completo da Natureza. Somente quando entregamos nosso coração às coisas ao nosso redor podemos conhecer algo de sua verdadeira natureza. A princípio, porém, apenas ocasionalmente e em arrebatamentos é que podemos vislumbrar aquilo que nos toca.

Os Vedas, as escrituras sagradas da Índia, devem ser cantados de determinada forma, que é considerada uma espécie de reprodução do canto universal, a ação da Palavra Criadora, que advém incessantemente. É o canto universal que traz todas as coisas à existência.

A Árvore Universal brota de uma raiz e produz galhos e ramos de forma a tudo abraçar, sendo una com tudo. Quando somos capazes de olhar para tudo que existe com o olho interno, percebemos que existem ramificações da atividade da vida única. A harmonia da Voz é a atividade daquela voz que dá forma a todas as coisas.

"Capaz de ficar de pé" é ter confiança. Um homem ignorante pensa que pode conseguir tudo porque é incapaz de medir a tarefa diante dele. Mas aqui não se faz referência esse tipo de confiança agressiva; na verdade, trata-se de uma ausência de desconfiança.

"Ser capaz de ouvir é ter aberto as portas da alma", de forma que tudo possa nos tocar. Você é uma gota no oceano, mas cada vibração no oceano, cada onda que se move sobre ele, emite alguma mensagem que é recebida em seu coração.

"Ser capaz de ver é ter atingido a percepção." Essa percepção é algo diferente da observação feita pela visão externa; é ver a natureza essencial de cada coisa que encontramos. Quando alcançamos um estágio de completa tranquilidade – um estado de receptividade no qual não há ação positiva, onde nenhuma imagem é construída, onde não há irritação nem pensamento –, respondemos a uma ondulação superior. Nesse estágio, percebemos a natureza, a qualidade de cada coisa, de cada pessoa com a qual cruzamos. Isso é percepção direta, não é um pensamento, não é uma construção mental, e não há argumentação.

Se alguém não vê as coisas como vemos, não podemos discutir com ela. Podemos debater a tese que é estabelecida pelo pensamento, podemos discutir o primeiro passo, o segundo e o terceiro, e chegar a uma conclusão. Ou quando uma afirmação é feita e as outras pessoas podem aceitar ou rejeitar, pode ser mais sensato não fazer nenhuma das duas coisas. Talvez, em muitos casos, é melhor não fazer afirmações sobre nossa percepção, porque isso não significará nada para a outra pessoa. Tudo o que ela precisa saber é que existe a possibilidade de tal percepção.

> Ser capaz de falar é ter atingido o poder de auxiliar os outros; ter vencido o desejo é ter aprendido a usar e controlar o eu; ter atingido o autoconhecimento é ter se retirado para a fortaleza interna de onde o homem pessoal pode ser visto com imparcialidade. [Parte 2, Nota (N.E.)]

Isso significa estudar nossas ações e pensamentos sob a luz do Eu Superior. Mesmo que tenhamos abolido a personalidade (exceto enquanto reflexo do Eu eterno), podemos agir no mundo. Então, aquele Eu interno é, por assim dizer, uma testemunha dessas coisas; ele examina o que ocorre e direciona a ação.

> Ouvir a Voz do Silêncio é compreender que do interior vem a única orientação verdadeira. [Parte 2, Nota]

Esse é o segundo estágio descrito em *Luz no Caminho*. É a esse ponto que o verdadeiro Mestre traz seu aluno. O aluno precisa encontrar a orientação que vem do interior, mas essa orientação não é uma ânsia ou uma inclinação nascida de seus apegos e contatos anteriores. Ela surge do silêncio, de uma condição de profunda tranquilidade na qual só o aprendizado é possível. Esse aprendizado vem de nós mesmos, não de outros. Aquele que tenha se estabelecido nesse estado interno, onde não há modificações de pensamento, pode ser chamado de Iogue, no sentido real descrito por Patañjali. O *Yoga* é a cessação de todas as modificações do princípio pensante. Dizer que a mente para não é dizer que ela se torna idiota ou insana, mas que se torna extremamente sensitiva, e aquilo que ela compreende surge de dentro de si mesma.

Fundamental para o crescimento espiritual é o silêncio profundo – uma paz profunda; a partir desse silêncio e dessa paz é que se ouve uma "voz ressoante" dizer: "Tu colheste, agora tens que semear." Não é suficiente nos colocarmos em um estado de tranquilidade a fim de encontrar aquela harmonia interna que sempre esteve ali, mas da qual nos excluímos através de uma mente que constantemente se lança para fora buscando coisas externas. Quando nos estabelecemos nessa condição devemos agir; não devemos mergulhar nesse estado de serenidade e desaparecer para sempre do mundo dos homens.

> Tu que és agora um discípulo, capaz de ficar de pé, capaz de ouvir, capaz de ver, capaz de falar, que venceu o desejo e atingiu o autoconhecimento, que viu a alma desabrochando e a reconheceu e ouviu a Voz do Silêncio — vai à Sala da Aprendizagem e lê o que ali está escrito para ti. [2. Prólogo]

O discipulado somente se inicia agora. Antes, podíamos até ser chamados de discípulos, mas somente agora é que nos tornamos realmente discípulos de um Mestre e, por conseguinte, discípulos da verdade. Ser um mero seguidor externo e apenas executar instruções não significa nada. Precisamos ser capazes de nos apoiar em nossos próprios pés, ver e ouvir por nós mesmos e falar a partir da nossa própria percepção interna.

É melhor que esse tipo de assunto seja pensado e ponderado pela própria pessoa. Podemos falar convincentemente, impressionar, e até mesmo deslumbrar as pessoas pela maneira como falamos, mas geralmente elas absorverão muito pouco. Quanto menor a eloquência, melhor, porque a eloquência depende muito da personalidade e, para transmitir a verdade, precisamos negar a nós mesmos. Nossos ouvintes não deveriam sequer pensar em nós, e sim no significado e no valor do que está sendo dito. O orador não é importante, mas sim a verdade que ele expressa. O máximo que um orador pode fazer é atingir uma determinada nota e permitir que ela penetre na profundeza do coração de seus ouvintes.

Podemos ter afeição pelo palestrante, mas o que importa é a verdade que ele transmite. Um verdadeiro professor comunica a verdade se mantendo à parte. Ele se retira para o fundo, assim como dizem que a Mônada comunica o seu impulso e depois se retira para a escuridão. O professor não se impõe ou tenta causar uma impressão; transmite ao coração dos ouvintes a beleza que possui, mas sequer percebe que ela é comunicada. Ele não busca gratidão, reconhecimento ou mesmo uma resposta. Não procura afeição, muito menos seguidores devotados. Ser um verdadeiro professor é algo maravilhoso; é o verdadeiro caminho para auxiliar o outro.

Algumas regras descrevem o tipo de ação que ocorre quando compreendemos que a verdadeira orientação vem apenas do nosso interior, pois, mesmo que tenhamos obtido harmonia interna, e assim sejamos capazes da verdadeira percepção, ainda temos que enfrentar um mundo de caos, lidar com suas discórdias e tolices.

> Procura pelo Guerreiro e deixa que ele lute em ti.
> Recebe suas ordens para a batalha e obedece-as. [2. 1-3]

A palavra "guerreiro" talvez possa parecer um tanto quanto estranha neste contexto. A harmonia e a ordem dentro de cada um devem conquistar o mundo externo de caos e discórdia e nele estabelecer a ordem – esta é uma tarefa imensa. O Eu que é o Guerreiro "é tu mesmo, embora infinitamente mais sábio e mais forte do que tu" [2.4]; é o Eu da Eternidade, diferente do eu do tempo. Está escrito que ele "não te conhecerá a menos que tu o conheças". Somos nós, portanto, que temos de fazer contato. Isso também é verdadeiro quanto ao relacionamento entre o Mestre e o discípulo. "Quando o discípulo está pronto, o Mestre também está pronto."

O trecho prossegue dizendo que, quando penetramos nesse estado extraordinário – quando permitimos que o Guerreiro lute por nós –, torna-se "impossível errar um só golpe". O Guerreiro "é eterno e firme. Ele é a eterna verdade." Ele também é o Fogo Divino. O Fogo a tudo consome, ele não descansa por um momento sequer, mas sempre avança, atacando para conquistar todo obstáculo que surja em seu caminho. Isso quer dizer que ele transforma tudo o que encontra.

Não há mais nada a fazer no que diz respeito a si mesmo depois de ter visto a verdade e de ter obedecido à Voz do Silêncio, mas agora você terá que encarar a ignorância, a miséria, o conflito e o mal que existem no mundo. Mesmo que você tenha se tornado a bondade personificada, ainda terá que se confrontar com o mal; não pode descansar no ápice da paz eterna. Então é dito que, para o Guerreiro que em ti combate, será "impossível errar um só golpe". Ou seja, cada ato seu será correto, será exatamente o que for necessário nas circunstâncias, de forma a sobrepujar o mal.

Quando descobrimos em nosso interior a "melodia natural", esta orientará todos os nossos movimentos; essa orientação é a verdadeira Sabedoria. Então conheceremos a verdade de qualquer coisa que seja dita, e colocaremos de lado o que não for verdadeiro. A habilidade de dar nossa total atenção a tudo que encontramos na vida, com inteireza de mente e sem qualquer tipo de distração, está latente em todos nós e aguarda para ser desperta. É um estado de perfeita paz, de belo controle, um estado no qual atuamos com todo o nosso ser, não apenas com uma parte. É onde somos capazes de nos doar completamente, a todo o momento, para todos e para tudo. E, tendo dado tudo de nós, o todo permanece, para usar as palavras dos *Upanishads*.

> A própria vida tem uma fala e nunca está silenciosa. E o que ela emite não é um grito, como tu, que és surdo, poderias supor: é uma canção. Aprende da vida que és parte da harmonia; aprende dela a obedecer às leis da harmonia. [2.8]

Esta é uma realização maravilhosa – descobrir que somos "parte da harmonia" oculta mesmo na discórdia que nos circunda.

Essas regras são para as pessoas que alcançaram uma condição de autonegação, na qual são capazes de perceber e responder às coisas sem qualquer tipo de barreira ou intermediário. Só então elas podem estudar os corações dos homens e fazer o melhor daquele mundo em que vivem e do qual fazem parte. Aquele que não está nessa condição não conhece o mundo como ele é. Ele apenas vê a cobertura externa das pessoas – alguns aspectos do condicionamento no qual elas se envolveram. Nunca conhecerá a verdadeira natureza, as profundezas internas e a pura qualidade de outra pessoa.

"A fala só vem com o conhecimento." [2.13.] Esse é o verdadeiro conhecimento, direto e legítimo. Não é qualquer tipo de conhecimento externo – conhecimento à distância, conhecimento por inferência, conhecimento por tradução. Apenas quando possuímos esse conhecimento de primeira mão é que podemos falar verdadeiramente e ajudar efetivamente.

Muitas pessoas pretendem seguir disciplinas; querem que lhes digam o que elas devem fazer. Existe tanta coisa nesses três livros que, se tivéssemos apenas eles para nos guiar, e mais ninguém, teríamos orientação e sugestão suficiente para nossos propósitos. Mas as pessoas não querem tomar a iniciativa de "buscar o caminho" por si mesmas. Elas querem que se estabeleçam diretrizes definidas. Desejam um cronograma: levantar-se às cinco horas, tomar banho, meditar por meia hora sobre um determinado assunto. Mas esses são meros exercícios, como os exercícios de aquecimento que uma bailarina faz para soltar suas articulações. Muitas pessoas se contentam com os exercícios e nunca prosseguem com a dança propriamente dita.

Nossa busca espiritual precisa ser o esforço de todo um dia, não pode estar confinada a alguns minutos pela manhã ou à tarde — embora seja bom separar um tempo para nos recolher, acalmar a mente e examinar como estamos vivendo nossas vidas. Precisamos ser sérios e diligentes sobre isso e, ao mesmo tempo, ter senso de humor e ser felizes.

> Indaga à terra, ao ar e à água sobre os segredos que eles guardam para ti.
>
> O desenvolvimento dos teus sentidos internos te permitirá fazê-lo. [II.15]

Tudo na Natureza possui seu próprio significado misterioso; existem certas forças que atuam na sua produção, e isso se torna claro para o homem que está no limiar do Adeptado.

> Indaga aos Seres Sagrados da Terra sobre os segredos que guardam para ti. [2.16]

Cada Adepto possui uma abordagem própria e única da vida, seu próprio método, seus próprios segredos eternos para revelar. A própria qualidade da sua aura é diferente daquela de todos os demais. Ele emite uma melodia distinta, uma fragrância diferente. Cada um que tenha alcançado o Adeptado possui algo de peculiar e que é o segredo de sua existência.

> Indaga do mais íntimo, do Uno, o segredo final que ele guarda para ti ao longo das eras. [2.17]

Os elementos dos quais é constituído o Universo se mantêm secretos até o momento em que estejamos qualificados para descobrir aquilo que eles têm a ofertar. Tudo no mundo externo tem algo a dizer; portanto, não devíamos somente observar atentamente o nosso próprio coração, mas toda a vida ao nosso redor.

O mistério interior dos elementais absolutos – os elementais do fogo, da terra, da água, do ar e do ẹter – só é revelado ao Adepto; por isso somos aconselhados a indagar "aos Seres Sagrados da Terra sobre os segredos que guardam [para nós]".

Um Adepto não é igual a outro. Cada um conquistou, revelou de dentro de si algo que é eterno, mas que é unicamente seu. Ele possui uma melodia, uma fragrância própria. Cada um possui um "segredo" a conceder – algo que pertence à sua natureza mais profunda e é a própria essência do seu ser. Se pudéssemos entrar no domínio de seus pensamentos, descobriríamos ter penetrado um mundo completamente novo, do qual não poderíamos ter tido qualquer ideia prévia. Entrar na aura de um ser tão grandioso, descobrir sua natureza e responder a tudo dentro dessa maravilhosa esfera ou influência é uma experiência única. Todos carregam esse tipo de "segredo" interno, que é capaz de intermináveis elaborações, dentro de si, mas não terão conhecimento dele a não ser que este aja ou se manifeste em sua vida.

Atingimos agora o centro mais interno, onde o "segredo final" será transmitido.

> Está escrito que, para aquele que se encontra no limiar da divindade, nenhuma lei pode ser estabelecida, nenhum guia pode existir. [2.19]

Sua orientação vem de dentro; ele não necessita de lei ou de direcionamentos externos. Sua ação não é arbitrária, caprichosa e sem significado: é a expressão espontânea da verdade da sua própria existência, oculta em seu interior. Ela segue certa lei oculta que não somos capazes de conceber. É o "segredo" que o Grande Uno guarda para nós. É sempre adequada e apropriada, e possui uma beleza própria. É uma ação inteiramente diferente, em termos de qualidade, de qualquer ação que advenha da nossa ignorância ou das nossas ideias sobre o que é bom ou mau.

A Voz do Silêncio

Fragmento I

O livro que estudaremos juntos consiste de três tratados, cujos títulos são: *A Voz do Silêncio*, *As Duas Sendas* e *Os Sete Portais*. Eles são chamados de "Fragmentos" porque foram retirados de um livro muito maior. Dizem que esse livro, que traz o espírito do Budismo Mahayana, foi originado no Himalaia e na região transhimalaia. HPB não afirmou ter escrito esses livros ela própria; eles são traduções daquilo que ela aprendeu de cor quando viveu em um monastério no Tibete.

C. Jinarajadasa costumava dizer que existem muitos estudantes de *A Doutrina Secreta*, mas poucos de *A Voz do Silêncio*. *A Voz do Silêncio* é um livro ético e prático, e seu apelo é ao coração e à intuição daquele que dá atenção à Voz, enquanto que *A Doutrina Secreta* é um estudo muito mais intelectual, pelo menos para a maioria das pessoas. É interessante pensar sobre o *Logos* ou *Parabrahman*[14] e obter um vislumbre da melodia e harmonia do Universo, mas esse estudo nem sempre nos toca profundamente. O *Logos* é, para a maioria de nós, apenas um conceito abstrato, ao qual somos incapazes de infundir vida.

---

[14] *Parabrahman* (sânscrito): literalmente, "superior a *Brahmā*". O supremo e infinito *Brahma*, o Absoluto, a Realidade sem atributos e sem segundo. O princípio universal, impessoal e inominado. *Glossário Teosófico*, H.P. Blavatsky, Editora Ground, 7ª edição. (Nota Ed. Bras.)

A Voz do Silêncio consiste em preceitos destinados àqueles que estão se esforçando para viver a vida espiritual. HPB escreve em seu prefácio (o qual, por si só, é extremamente interessante) que retirou esses discursos – trinta versos que ela decorou – do *Livro dos Preceitos Áureos*. A Dra. Besant nos conta que o Mestre Hilarion, a quem ela descreve como um habilidoso escritor de prosa, a ajudou a traduzi-los para o inglês.

HPB possuía um estilo de escrita iluminado. Ela gostava de colocar todo tipo de comentário, utilizando parênteses e notas de rodapé. Seus trabalhos estão repletos de tais anotações, o que os torna extremamente ricos; parece que havia tanto conhecimento, tantas ideias, que elas simplesmente jorravam.

Cada um desses discursos é independente; eles não estão ligados em uma sequência, de forma que não é necessário ler o primeiro antes do segundo ou do terceiro. Você pode abrir o livro aleatoriamente e ler onde quiser. É como música. Uma sinfonia é engenhosamente construída e seus movimentos são costurados de acordo com certa lógica; mesmo assim você pode começar a ouvi-la em qualquer momento, dela desfrutando por sua própria beleza, e não é necessário ter ouvido todas as partes anteriores. Novamente, é como uma composição musical na qual um tema é desenvolvido; há um retorno a um tema anterior, e depois o original é elaborado e tratado de uma forma diferente.

Todas as três seções do livro abordam o mesmo tema: o trilhar do caminho espiritual. Ele está repleto com sua própria beleza e simbolismo, e possui certa qualidade que você não encontra nem mesmo em *Luz no Caminho*.

O primeiro desses fragmentos, *A Voz do Silêncio*, inicia com a seguinte afirmação: "Estas instruções são para aqueles que não conhecem os perigos dos *Iddhis* inferiores." [I.1]. *Iddhi* é o correspondente, em pali, da palavra sânscrita *siddhi*, que significa "êxitos", mas que geralmente é usada para designar poderes psíquicos. No *Glossário Teosófico* está ressaltado que eles são de duas espécies: um grupo compreende "as energias psíquicas mentais inferiores, grosseiras, [enquanto] o outro exige a mais elevada educação dos poderes espirituais". Ou seja, o último grupo pertence à natureza espiritual do homem.

Na verdade, a busca de poderes psíquicos tem sido encarada, tanto por hindus (de certas escolas) quanto por budistas, como uma distração. Aqueles que buscam esses poderes não buscam aquilo que possui significado fundamental; estão vagando por um atalho. É possível forçar esses poderes, mas aí existe um perigo. Alguém que se concentra nos *chakras* – organismos giratórios invisíveis que são parte do que é usualmente chamado de corpo etérico – pode despertar essas faculdades, mas há um grande perigo em fazê-lo antes que se tenha desenvolvido um controle suficiente sobre si mesmo para lidar com essas energias, assim como a sabedoria para usá-las corretamente. Nunca é demais enfatizar isso.

A Voz do Silêncio é evidentemente um discurso destinado a uma audiência de pessoas que correm o perigo de se desviar por causa do desejo de poderes psíquicos. HPB diz, em suas notas, (1) que existem dois tipos de *Siddhis* ou poderes: os inferiores e os superiores. Os poderes inferiores são os psíquicos; os superiores, os espirituais. Não é ruim, por si só, possuir poderes psíquicos, mas eles certamente o desviarão caso o sentido espiritual não tenha crescido e se desenvolvido naturalmente. Forçar o surgimento de habilidades psíquicas ou intelectuais tende a desviar uma pessoa para o caminho errado – descendo por um plano inclinado, pode-se dizer – e levá-la a se tornar um mágico. Encontramos muita coisa irreal e ilusória misturada com a habilidade psíquica genuína, de forma que o vidente nem sempre sabe o que é verdadeiro e o que é falso. Aquilo que ele pensa ver, e considera ser uma revelação divina, pode ser devido ao aquecimento de seu cérebro, a um foco equivocado da visão mental ou a qualquer tipo de impressões errantes, emaranhadas como em um sonho. Pois a visão clarividente é muito amiúde parecida com um sonho, de forma que a suposta experiência de, por exemplo, ver ou ouvir algum grande Ser é apenas uma ilusão vinda do subconsciente.

As faculdades inferiores podem ser desenvolvidas em superiores. As inferiores são baseadas nas qualidades e no uso das essências elementais, e é com o uso dessas essências, que constituem um tipo de vida própria, que vários truques psíquicos são realizados. Mas as faculdades superiores consistem no desenvolvimento dos poderes do espírito; essa é a grande distinção entre os dois tipos.

> Aquele que quiser ouvir a voz de *Nāda*,[15] o Som insonoro, e compreendê-la, terá que aprender a natureza de *Dhāranā*.[16] [I.2]

Como podemos ouvir essa Voz ou Som que é descrito como insonoro? Ela surge do silêncio, é ouvida e proferida internamente, e é como se a voz falasse e fornecesse certas orientações. De nossa própria experiência, sabemos que a mente nunca está quieta, está tagarelando constantemente. Está sempre pensando em uma coisa ou outra e, na maioria das vezes, é um pensamento sem direção. Assim, HPB declara: "A Mente é a grande assassina do Real. Que o discípulo mate o assassino." [I. 4 e 5.] A mente também é descrita como a regente dos sentidos, aquela que produz o pensamento que desperta a ilusão. Ela dá vida a vários pensamentos, alguns dos quais são verdadeiros e outros que são ilusórios. Quando é dito que o discípulo deve matar o assassino, não se quer dizer que ele deva destruir a mente. Apenas quando ele tiver alcançado o verdadeiro silêncio será possível ouvir a Voz que surge das infinitas profundezas de seu ser.

Somos informados de que apenas quando deixamos de ver os muitos podemos discernir o Uno. Os muitos são as numerosas vozes, sugestões e incitações falsas que o mundo nos apresenta e que

---

15 *Nāda:* a voz sem som, ou "a voz do silêncio". Literalmente, isto devia traduzir-se "voz no som espiritual", visto que *Nāda* é o equivalente sânscrito do termo *Senzar*. *A Voz do Silêncio*, H.P. Blavatsky, Brasília: Editora Teosófica, 2022. (Nota Ed. Bras.)

16 *Dhāranā* é a concentração intensa e perfeita da Mente sobre qualquer objeto interior, acompanhada da abstração completa de tudo quanto pertença ao Universo exterior, ou mundo dos sentidos. *A Voz do Silêncio*, H.P. Blavatsky, Brasília: Editora Teosófica, 2022. (Nota Ed. Bras.)

a mente ouve tão avidamente. A mente pensa que poderá desfrutar melhor da vida agindo conforme tais sugestões, mas, no final, elas se revelam falsas. A alma, em sua imaturidade, se entrega prontamente a todo tipo de ilusão e é facilmente levada como uma criança que pode se perder ao ir atrás de alguns doces. Só quando ele abandonar "a região de *Asat*, o falso, [chegará] ao reino de *Sat*, o verdadeiro".

> Antes que possas ingressar na Senda, tens de destruir o teu corpo lunar, purificar o teu corpo mental e limpar o teu coração. [I.51]

O seu coração significa as suas atividades e anseios mais profundos — o que quer que sinta profundamente dentro de si. Devemos não apenas limpar o corpo mental, mas também o coração — os sentimentos e anseios mais profundos que estão representados no corpo astral.

Então está escrito: "Antes que a Alma possa ver, deve ser obtida a harmonia interior, e os olhos da carne tornados cegos a toda a ilusão. (...) ela deve primeiro unir-se ao Falante Silencioso." [I. 9 e 11.] Utilizamos a forma feminina para nos referirmos à alma porque ela envolve o Espírito universal único, como o útero materno envolve o feto. O Espírito se manifesta através da alma. O rebento, nesse caso, é o Espírito universal único, o Cristo criança, a sabedoria e o amor, que está contido, embrionariamente, dentro de cada um.

O "Falante Silencioso" é, na terminologia teosófica, o Ego ou Mônada. É a partir da mais profunda consciência, da natureza interna fundamental, que o silêncio fala.

HPB diz que a mente precisa parar de ouvir as vozes dos muitos para poder ouvir e se unir com o Uno, que é descrito como "o Falante Silencioso". "Os muitos" são todas as coisas, as vozes da vida mundana, que nos atraem.

E assim a alma ouve uma Voz, não uma voz propriamente dita, pois esta é ouvida em reinos além do alcance do som. Embora possa ser equiparada a um som, é uma Voz que nasce do silêncio, e somente quando há silêncio somos capazes de ouvi-la. Esse é o silêncio que surge por si só quando a mente deixa de perseguir aquilo que agita a consciência.

A "Voz do Silêncio" é uma frase mística, possui muitos significados pertencentes a diferentes níveis. De acordo com o pensamento indiano, existem, de um modo geral, quatro níveis. Podemos entender a Voz em nosso nível como a voz de *Buddhi* ou intuição. A intuição não é apenas um palpite ou adivinhação, é uma compreensão precisa, uma orientação infalível que surge de dentro, mas surge apenas quando a mente não está confusa com os pensamentos. Não há argumentação; é preciso um estado de tranquilidade que nada deseja. Se você deseja algo, a mente fica condicionada por esse desejo. Somente quando você nada deseja é que será capaz de perceber a verdade ou a retidão das coisas.

A voz da intuição nos fala em momentos de receptividade. Não estamos receptivos quando estamos em um estado de tensão; portanto, se queremos nos sensibilizar para os delicados sons da harmonia divina, é preciso que nos encontremos em um estado de relaxamento – que não é preguiça, pois, se a corda de um violino afrouxa, não produz som algum. Por outro lado, é preciso haver a tensão correta. Assim, no *Yoga* existe uma atenção tranquila, um estado de repouso no qual você coloca sua atenção total e completamente na ação do momento. A receptividade vem quando não estamos tentando nos apegar a algo ou adquirir alguma coisa.

Há várias afirmações que iniciam com as palavras "se tua Alma": "Se a tua Alma sorri ao banhar-se na luz solar da tua vida; se a tua Alma canta dentro da sua crisálida de carne e matéria; se a tua Alma chora em seu castelo de ilusão; se a tua Alma se esforça por romper o fio de prata que a liga ao Mestre; sabe, ó discípulo, que a tua Alma é da Terra." [I.14.] Todas essas afirmações se referem a diferentes estados de espírito ou diferentes ações que nascem da ignorância. "Quando (...) a tua Alma sai do seu retiro seguro" [I.16] se refere a quando ela se afasta do refúgio da verdade e se dirige aos tempestuosos mares da ilusão.

"Se a tua Alma sorri..." Essa é, claro, uma linguagem poética. Não somos instados a não sorrir, mas precisamos ter o cuidado de não buscar a felicidade em sensações que pertencem à carne e à matéria.

Então nos é dito: "Esta Terra, ó discípulo, é a Sala das Tristezas, onde existem, ao longo da senda de duras provações, armadilhas para apanhar teu ego na ilusão chamada 'grande heresia'." [I.17.] A Terra é um lugar de tentações, cheia de armadilhas para capturar a alma desavisada. A maior delas é a ilusão de separatividade do restante da vida. Em nossa ignorância, nós nos imaginamos separados dos demais, pensamos que nossos interesses são diferentes ou opostos aos deles – e assim, com nossa vontade indo contra a vontade da Natureza, ficamos em um estado constante de contenda e conflito. Essa é a condição na qual a maioria das pessoas leva suas vidas. Precisamos aprender a passar por todos os testes que a vida nos apresenta de diferentes maneiras antes que possamos dizer que alcançamos um lugar seguro ou uma condição de autocontrole. Precisamos aprender todas as lições da vida antes de encerramos a vida terrena e as causas que a ela pertencem.

HPB descreve três "almas" - a espiritual, a humana e a animal. A própria palavra se refere simplesmente à consciência, que pode ser tanto animal quanto divina, ou estar em algum ponto intermediário, ou, numa certa medida, ser uma mistura de ambas.

A alma humana é como um ator que sobe ao palco: ele agradece, posiciona-se, coloca-se à frente, desfila e se retira. A alma aprende através de suas ações neste mundo, através de suas alegrias e dores, embora todas elas sejam ilusões.

> Quando se assusta ao ver as lágrimas quentes da dor, quando, ensurdecida pelos gemidos da angústia, sua Alma se retira, como a tímida tartaruga, para dentro da carapaça do egocentrismo, sabe, ó discípulo, que do seu Deus silencioso a tua Alma é um sacrário indigno. [I.15]

Há pessoas que, a fim de escapar, retiram-se para dentro de si mesmas, afastando-se das demais. Isso, é claro, é o oposto de se afirmar. Mas todas essas são posturas da personalidade – posturas de confiança, coragem, depressão, contrição, resignação, realização – que surgem da falsidade central, da "heresia da separatividade".

Existe uma determinada escola de pensamento que ensina a importância da personalidade, e, com toda certeza, a personalidade que utilizamos como nosso instrumento aqui é importante. Ela não deve ser eliminada com a finalidade de deixar esse mundo o quanto antes; pelo contrário, é preciso transformá-la em um instrumento eficiente para que possamos viver a vida divina aqui, nas circunstâncias atuais.

HPB diz que precisamos "paralisar" a personalidade, o que é apenas outra forma de dizer que devemos matar a assassina do Real. Você deve se guiar pelo sentido do que é dito, e não apenas pelas palavras. Guiando-se pelas palavras você encontrará contradições em toda parte, mas se tentar compreender tudo por si mesmo, ainda que a sua compreensão não seja tão completa quanto deveria ser, tudo sairá bem. Se você não está preocupado em aceitar ou rejeitar, mas se contenta em esperar por uma compreensão maior, não haverá conflito.

> Quando, já mais forte, a tua Alma (...) avança; quando, ao contemplar a sua imagem nas ondas do espaço, ela murmura "Isto sou eu" – declara, ó discípulo, que a tua Alma está presa nas teias da ilusão. [I.16]

Isso é egocentrismo. Você se identifica através das posses, buscando ou se apegando às coisas ao seu redor.

O Mestre fala de "personalidade egoísta" para descrever o que é o âmago da separatividade – e, portanto, uma ficção, por mais que nós possamos crer na sua realidade. Como podemos dissolver essa personalidade egoísta? Como podemos romper esse mito de uma vez por todas, esse "eu" e "mim", o centro no qual toda a nossa busca e apego estão concentrados? Eis o que diz HPB:

> Diz a grande Lei: "Para te tornares o conhecedor do Ser Total, tens primeiro de conhecer o eu individual". [I.19]

O "Ser Total" é o Eu Universal. Para conhecer a natureza da alma você precisa se conhecer. Em outras palavras, a alma precisa obter autoconhecimento. O que acontece quando isso é obtido, quando você compreende os processos do seu próprio pensamento e ação? "Para chegares ao conhecimento desse Ser, tens de abandonar o eu ao não-eu, o ser ao não ser."

É necessária certa dissolução do eu. Mas se esse "eu" é o eu que você conhece, o que permanece quando ele é dissolvido? Do ponto de vista pessoal, nada permanece. Se o centro em que todos os fios foram fundidos desaparece, então tudo desaparece e nada fica. Mas não é um "nada"; há uma nova corrente de vida, uma força crescente, que HPB chama de "Ave da Vida", porque ela voa para o alto. "E poderás então repousar entre as asas da Grande Ave. Sim, suave é o descanso entre as asas daquilo que não nasce nem morre."

Não sou eu ou você, ou outra pessoa, mas a consciência pura que se ergue e se expande por toda a eternidade. Ela não pertence a essa ou aquela pessoa. Como um espelho límpido, ela reflete tudo com precisão. Assim, embora você diga "eu" com referência àquela consciência pura, não é realmente "você" ou "eu" enquanto seres separados; a consciência se expande e abraça tudo em todos os níveis. O homem, enquanto ser separado, se foi, mas ele vive como uma expressão da verdade, como um entendimento, como certa corrente de vida e ação. Podemos dizer que o "eu" nele se foi e que a Verdade entrou em seu lugar, e que qualquer ação que ele execute parte daquela Verdade.

Essa é a verdade a respeito do Mestre. Ele não é um mago ou um mágico que pode fazer todo tipo de coisas extraordinárias que outros não podem. Existem pessoas que gostariam de possuir esses poderes e esperam que o Mestre as ajude a obtê-los. Elas se imaginam irradiando forças mais potentes que uma bomba atômica. Mas esses poderes psíquicos maravilhosos não resolverão seus problemas de alegria ou dor, não ajudarão a compreender seus relacionamentos ou a superar suas limitações. A sede por tais poderes é, de fato, um forte obstáculo, e, portanto, não devemos buscá-los. O que necessitamos acima de tudo é uma verdadeira compreensão, capaz de nos libertar da falsidade e da ilusão. A ave AUM, portanto, é certo estado de consciência. "Cavalga a Ave da Vida, se queres saber. Renuncia à tua vida, se queres viver." [I. 20 e 21]

Além da Sala da Sabedoria existem sete estados. Eles levam "através de três estados até ao quarto, e daí até aos sete mundos, os mundos do Descanso Eterno" [I.22]. Quando falamos do mundo espiritual, o que queremos dizer? As palavras "espírito" e "espiritual" são usadas muito vagamente. Nossas paixões são chamadas de impulsos espirituais, qualquer coisa que não seja material é considerada espiritual, o que é uma concepção inteiramente falsa.

É dito que o mundo espiritual compreende sete regiões ou planos – "os mundos do Descanso Eterno". Esses mundos têm sido descritos por pessoas que conhecem alguma coisa deles. Nós mesmos podemos não conhecer, mas também não podemos negar sua existência. Existe muita coisa que não podemos conhecer ou entender, e é válido dizer isso. Mas não é certo negar algo sobre o qual nada sabemos. Estamos igualmente errados tanto em afirmar como em negar aquilo que desconhecemos. Sem informação suficiente, precisamos suspender nosso julgamento e não tirar conclusões. O começo da sabedoria está em reconhecer nossa ignorância e os limites do nosso conhecimento.

Depois temos as seguintes palavras: "Procura aquele que te dará o nascimento na Sala da Sabedoria." [I.32.] Este é o nascimento da consciência espiritual. Como quando o céu está encoberto e aparece uma fenda nas nuvens escuras, permitindo ver o céu azul, da mesma forma algo da verdade é experimentado por um instante. Este é o precursor da desintegração das nuvens escuras. O primeiro nascimento é no mundo da matéria, o segundo é no mundo da liberdade.

No *Glossário Teosófico*, os três estados são descritos como estado desperto, estado de sonho e estado de sono profundo. Há ainda um quarto estado, o de consciência espiritual superior. O estado desperto é equivalente ao do mundo físico, no qual estamos comparativamente despertos. A segunda Sala é o mundo astral, caracterizado pela ignorância, onde a ilusão predomina. A terceira

Sala, que está além das paixões e dos desejos, é a Sala da Sabedoria.

"Ignorância" não se refere à ignorância do mundo exterior. Alguém pode ter um enorme conhecimento com relação ao mundo da matéria – o movimento de átomos e galáxias, as propriedades de diversas substâncias – e ainda assim se encontrar em um estado de ignorância fundamental, caso não conheça o verdadeiro propósito da vida e de si mesmo. Tudo isso é *avidyā*, ou "não conhecimento". Nesse estado não conhecemos nossos próprios processos, a pressão de nossa mente e memória, as origens internas do nosso pensamento e ação.

Curiosamente, a segunda Sala é chamada de Sala da Instrução: "Nela a tua Alma encontrará as flores da vida, mas debaixo de cada flor, uma serpente enrolada." [I.26.] O *Glossário* nos informa que essa Sala é "o mundo psíquico das percepções suprassensórias e visões enganadoras – o mundo dos médiuns". É o mundo da ilusão, embora seja nesse mesmo mundo que devemos obter sabedoria.

O terceiro estado – a Sala da Sabedoria – é se libertar da ignorância fundamental e da propensão à ilusão.

Precisamos lembrar que, embora em nossos livros teosóficos encontremos conhecimento de valor inestimável, não sabemos tudo. Então devemos evitar relacionar tudo aos termos teosóficos inscritos em nossas mentes. Talvez esses sete mundos sejam os sete subplanos do *Nirvāna*. A natureza é setenária. Essa condição a que chamamos de mundo espiritual também é setenária e, portanto, existem sete estados espirituais de consciência. Pode ser que eles estejam fundidos em um único, e por isso falamos de um estado espiritual exaltado que parece permear todos os demais – atômico, *búddhico*, mental e assim por diante.

A Sala da Ignorância (*avidyā*) corresponde à nossa vida desperta comum, "em que vistes a luz, em que vives e morrerás" [I.25]. É o estado de ignorância sobre a nossa verdadeira natureza. Todos nós estamos nesse estado, incluindo os professores e escritores de enciclopédias. Toda essa instrução e acúmulo de fatos nada significam; ainda somos ignorantes quanto à sabedoria divina, quanto à nossa verdadeira natureza, quanto ao que éramos antes de descer à Terra. Ao descer passamos através do rio de Lete[17] e, portanto, tudo o que sabíamos "lá em cima" é completamente apagado, e nós "descemos" em um estado de esquecimento.

A próxima Sala é aquela do falso aprendizado ou aprendizado intelectual, diferente do aprendizado alma-sabedoria. Geralmente, quanto mais instrução uma pessoa possuir, mais difícil para ela será perceber os valores espirituais. Podemos nos tornar tão apegados às nossas ideias que elas bloqueiam nossa mente. Isso não significa que não devemos possuir conhecimento, pois o aprendizado em si não precisa ser um obstáculo. O obstáculo surge quando nos tornamos apegados a certas suposições, pois uma grande parte de nossas ideias são apenas suposições que não reconhecemos como tal. Devemos certamente estudar, ponderar o assunto e seguir adiante. Podemos concordar ou discordar, compreender total ou parcialmente, não importa. Isso é o que talvez possamos descrever como contatos da vida que encaramos no curso de nossa jornada. Notamos algo, e se tentamos compreender sem pender para um lado ou para outro, se não nos apegamos a ele, então o aprendizado não é um fardo, não pesa sobre nós.

A Sala da Instrução é o mundo astral, o mundo psíquico, o mundo do desejo, da ambição pessoal, da visão ilusória. A fim de atravessá-la em segurança, o discípulo é alertado a não deixar que sua mente tome "os fogos da luxúria que ali ardem pela luz do sol da vida". E a não se deter "a aspirar o perfume das suas flores embriagantes" [I. 28 e 29]. Os fogos da luxúria são os chamados divertimentos, os prazeres e a gratificação sexual.

Assim, o discípulo é alertado contra as ilusões e atrações de uma natureza mais sutil. "Se queres ver-te livre das cadeias *kármicas*, não procures o teu Guru nessas regiões *māyāvicas*." [I.29]

A terceira Sala é a Sala da Sabedoria, "onde se desconhecem todas as sombras e onde a luz da verdade brilha com uma glória permanente" [I.32]. Este é o mundo espiritual superior. É ali que

[17] Na mitologia grega, Lete é um dos rios do Hades. Aqueles que bebessem de sua água ou, até mesmo, tocassem na sua água experimentariam o completo esquecimento. (Nota da Tradutora)

ocorre o “segundo nascimento”, o nascimento do Cristo interno, “Cristo em vós, esperança da glória” [Colossenses 1:27]. “Procura aquele que te dará o nascimento na Sala da Sabedoria.” No mundo espiritual encontramos aquilo que é autoexistente e imortal, que não nasce nem perece.

Agora HPB retorna à Sala da Instrução. Somos novamente alertados a não nos deter nem nos demorar nos prazeres e ilusões que nos aprisionam e impedem nossa subida. Algumas vezes as pessoas dizem: “Deixe-me fazer isso apenas uma vez mais antes que eu inicie minha vida espiritual; deixe-me desfrutar disso uma última vez.” Mas a “última vez” geralmente se prolonga por muito tempo. Devemos abandonar a Sala da Instrução porque

> Essa sala é perigosa por sua traiçoeira beleza, e necessária apenas para a tua provação. Acautela-te *Lanoo*, não vá a tua Alma, deslumbrada pelo brilho ilusório, demorar-se e enredar-se na sua luz enganadora. (...) A alma incauta, que fracassa em lutar contra o enganador demônio da ilusão, voltará à Terra escrava de Māra. [I. 33 e 35]

Māra, “que mata a alma”, é uma figura mítica que representa as tentações. Lembremos que acredita-se que ela tenha tentado o Príncipe Siddhartha, antes que este obtivesse sua iluminação.

Manas submerge no mar da ilusão. “Não deixes que o teu ‘Nascido do Céu’, submerso no mar de *Māyā*, se desprenda do Pai Universal.” [I.38] Quando um homem é tomado pela ilusão e ambição, há uma ruptura entre sua inteligência e a sua fonte espiritual. Mas, caso todas essas provas e tentações sejam ultrapassadas com sucesso, ele se torna um “Caminhante do Céu” [I.40], capaz de alcançar qualquer lugar em todos os mundos.

Cada uma dessas Salas é, de fato, um estado ou mundo de consciência. A consciência individual se encontra em uma determinada condição na qual se relaciona com muitas coisas externas a ela, e essas coisas constituem o seu mundo. Portanto, não há qualquer contradição fundamental entre um estado de consciência e um mundo.

O primeiro estado, *avidyā* ou ignorância, alcança seu nadir nesse mundo físico, embora também exista ignorância nos mundos astral e mental. Não é ignorância das inúmeras coisas através das quais pensamos que a ignorância pode ser dissipada; é ignorância da nossa própria e mais profunda natureza ou ser. A ignorância é como um vazio interno, e pensamos poder preenchê-lo abraçando todo tipo de experiência estimulante. Mas nenhum número de experiências, ideias ou informações pode fazê-lo.

No nível interno, o Eu ou natureza, são a mesma coisa. Assim, não podemos conhecer o Eu sem conhecer a sua natureza. A ignorância fundamental, portanto, é a ignorância do nosso Eu interno. Platão nos diz que quando estávamos "no céu", em nosso estado original, conhecíamos certas coisas, não conscientemente, talvez, mas de outra maneira, e que perdemos esse conhecimento quando encarnamos. Assim, quando reavemos alguma coisa daquele conhecimento nesse mundo externo, na verdade trata-se de uma recordação do que sabíamos naquele estado anterior.

A Segunda Sala é a Sala do conhecimento intelectual, feita do acúmulo de todo tipo de ideias, inclusive fantasias. É realmente a sala do engano e da ilusão, onde *parecemos* saber. Aprendemos muitas coisas, nos consideramos homens e mulheres instruídos, e possivelmente outras pessoas nos consideram mais instruídos do que realmente somos. Pensamos que sabemos; entretanto, nada sabemos, e repetidamente nos enganamos. Essa ilusão existe em toda parte, mas pertence essencialmente à *psique*, ou seja, à inteligência astral e dos níveis inferiores do mental. Pertence à região das crenças e desejos, onde acreditamos naquilo que queremos acreditar, onde as coisas aparecem de acordo com nossos desejos, onde uma espécie de luz fantástica é lançada sobre as coisas, fazendo com que nós as vejamos de modo diferente do que elas realmente são.

Essa região é simbolizada, em *A Voz do Silêncio*, pelas flores e pela serpente. Em outros lugares as flores e a serpente simbolizam a espiritualidade e a sabedoria; as flores representam a perfeição do ser espiritual, e a serpente a sabedoria interna. No entanto, aqui as flores são coisas atraentes que apenas aparentam bondade, mas que, na verdade, são venenosas. Somos levados a colher as flores, mas a serpente se enrola sob elas e o prazer que buscamos acaba dando lugar à dor.

A terceira Sala é a Sala da Sabedoria, que na realidade é uma região de *Manas* em seu estado mais elevado, puro e luminoso. Ela é alcançada depois que o estudante tiver se despido de suas "escuras vestes de ilusão" [I.33].

Muitos avisos são feitos sobre sucumbir às ilusões às quais o discípulo é exposto na sala do aprendizado intelectual, que também é a sala do psiquismo e das obras da mente, combinadas com o desejo. As tentações e ilusões são personificadas no Budismo como *Māra*, "o grande enganador" [I.34].

O "Nascido do Céu", *Manas*, tem sua origem nos mais elevados níveis. É a luz que flui da estrela eterna ou Mônada, que, "submerso no mar de *Māyā*", é deformado por tudo que é fenomênico. Existem distorções psíquicas e formas-pensamento enganosas através das quais o Nascido do Céu pode se desprender de sua amarra espiritual, o Pai ou Alma Universal, afastando-se de suas origens para se perder nas ondas agitadas de *Māyā*.

Alguns sons místicos são mencionados em passagens marcantes e poéticas:

> Antes que ponhas o pé no degrau superior da escada dos sons místicos, tens de ouvir de sete maneiras a voz do teu DEUS interno.
>
> A primeira é como a voz suave do rouxinol cantando uma canção de despedida à sua companheira.
>
> A segunda vem como o som de um címbalo de prata dos *Dhyānis*, acordando as estrelas cintilantes.

> A terceira é como o lamento melodioso de um espírito do oceano, prisioneiro na sua concha.
>
> E a esta segue-se o canto da *Vīnā*.
>
> A quinta soa como uma flauta de bambu estridente em teus ouvidos.
>
> Em seguida se transforma em um toque de uma trombeta.
>
> A última vibra como o estrondo surdo de um trovão.
>
> A sétima absorve todos os outros sons, que morrem para não mais serem ouvidos. [I. 41-49]

É difícil dizer o que são esses sons. Várias explicações são fornecidas em *Talks on the Path of Occultism*,[18] e o professor Van der Stok forneceu uma explicação que foi publicada em *The Theosophist*, mas nenhuma delas é suficientemente satisfatória. Tudo que pode ser dito é que é "a voz do teu DEUS interno" ouvida de sete maneiras.

"Quando os seis estão mortos e postos aos pés do Mestre, então o discípulo imerge no UNO, se torna esse UNO e nele vive." [I. 50.] Os seis princípios inferiores são combinados em um princípio último, que também é a Origem. Aqui é indicada certa correspondência entre os sete princípios e os sete *chakras*. "Quando os seis estão mortos", ou seja, quando estão silenciados, são colocados aos pés do Mestre ou do Eu Superior. Por todo o livro, "Mestre" é usado nesse sentido. Usamos as palavras Mestre, Ego, Eu Superior, Mônada, mas todas elas são, na realidade, a entidade interna que existe em diferentes estados e em diferentes relacionamentos.

A consciência interna, portanto, foi ligada ao "Deus interno" e esses sons são "ouvidos". Uma verdade que tenha sido experimentada na consciência superior é traduzida para a linguagem do cérebro como som, cor e assim por diante. Há correspondências no plano físico para o que existe nos níveis superiores, pois a vida se move do interior para a circunferência. Se você olhar para uma árvore com a perspectiva de um verdadeiro filósofo, saberá qual

---

18 *A Senda do Ocultismo, Comentários sobre* A Voz do Silêncio, C. W. Leadbeater e Annie Besant, a ser lançado pela Editora Teosófica. (Nota Ed. Bras.)

ação ou processo cósmico ela simboliza. Da mesma forma, em todo fenômeno da natureza existem alusões ou esboços de algo que pertence inteiramente às suas obras secretas ou aos planos superiores.

Um ocultista é capaz de nos dizer o que cada um desses sons representa, e por quê. Por exemplo, HPB diz que um deles é "o lamento melodioso de um espírito do oceano, prisioneiro na sua concha" [I.44].

Toda consciência individual possui suas limitações, e estas são simbolizadas pela concha. Talvez o "espírito do oceano" represente a compreensão da ação cósmica — de tudo o que acontece — quando essas coisas colidem com a concha. Nós nos movemos em um oceano infinito de vibrações de todos os tipos, percorrendo toda a sua extensão, de litoral a litoral, e essas vibrações passam por cada ponto de consciência, pois tudo é consciência. Cada ponto de consciência possui uma certa individualidade.

Eu acredito no uso da imaginação. Aquilo que imaginamos está de acordo com a nossa própria natureza e caráter, desejos suprimidos ou medos que escondemos de nós mesmos. Caso sejamos sensuais, nossa imaginação se moverá em temas sensuais. A imaginação pode ser usada como a "Ave da Vida" — podemos cavalgá-la. Mas precisamos ser absolutamente puros, sem qualquer desejo, medo ou qualquer coisa que possa moldar a imaginação de um modo particular. Se a imaginação é pura e não influenciada, então o que quer que imaginemos será verdade.

Esse é um estado extraordinariamente belo para se entrar. Um músico pode estar tão embebido da beleza do som que é incapaz de imaginar qualquer coisa que não seja bela, qualquer coisa que não possa ser expressa em beleza. Apenas um pequeno toque nas cordas e sua imaginação fornecerá o resto, arranjando os sons em certa ordem na qual duas ou três notas desconectas se tornam parte de um todo magnífico.

Pode ser que algum elemento da qualidade de cada um desses sons pertença à forma pela qual a intuição interna fala. Pode ter a qualidade de um tambor, de uma flauta, de um címbalo, e assim por diante.

Podemos dizer que a instrução que recebemos consiste, antes de tudo, na extinção do desejo; depois, na transcendência do desejo e, simultaneamente, no aumento da compaixão e da simpatia por todos os seres. Quanto menos centrada em si mesma é uma pessoa, mais ela é capaz de simpatizar e compreender as demais.

Depois é preciso que haja o estado de meditação, aquele que traz perfeita calma e silêncio à mente. Quando o desejo é extinto e a mente se aquieta, o peregrino atinge o estado semelhante ao da criança, e, nesse estado, ele vive apenas para "auxiliar a natureza", auxiliar todos os seres ao seu redor.

HPB fala da Mônada como uma "estrela distante", um centro de vida e luz. Nas palavras de *Aos Pés do Mestre*, ela é "uma centelha do próprio fogo Divino" [III.6]. A Mônada é aquele ponto de origem do qual todo indivíduo descende. Ou seja, é um fio de consciência que baixou até os mundos inferiores a partir do ponto mais alto, o qual é uno com o Espírito universal ou Eu universal. HPB fala sobre essa descida do fio até os mundos inferiores como a viagem da Mônada pelos reinos inferiores. A palavra "Mônada" é usada em dois sentidos diferentes: em um sentido é a Centelha, a Estrela, um aspecto do Espírito Universal; em outro sentido é a consciência pura que desce para os mundos inferiores e se torna inúmeras coisas. Ela adquire conhecimento e é condicionada de diferentes maneiras. Então, ignorante de sua fonte e origem, interpreta essas experiências, através das quais é colorida e modificada, como sendo a realidade, como sendo ela mesma. Isso constitui a ilusão fundamental.

O seu envolvimento com a matéria fica registrado na consciência. Quando a consciência *apenas percebe* o impacto, o conhecimento puro surge. Esse conhecimento não corrompe a consciência ou altera a sua natureza. Uma pessoa pode estar consciente de todas as coisas e ainda permanecer inteiramente naquele estado de inocência, que é o seu estado inicial. Não é o conhecimento que tira a inocência de uma pessoa; o que corrompe é a sua reação àquilo que conhece e observa.

Quando falamos dos diferentes princípios do homem, estamos fazendo referência à descida da Mônada para diferentes condições de matéria. É um único fio, mas este desceu por diferentes condições, e em cada uma delas é capaz de agir de determinada maneira, em cada uma delas adquire conhecimento de certo tipo. Mas, nos níveis inferiores, a sua própria natureza é afetada e se torna sujeita à ilusão. Quando todos esses princípios retornam à sua origem, quando o fio é puxado para cima, por assim dizer, então os seis se fundem no sétimo.

"Antes que possas ingressar na Senda, tens de destruir o teu corpo lunar." [I.51.] Nessa Senda, a consciência se identifica cada vez mais com a verdade. Para entrar nela é preciso, num certo sentido, destruir as superestruturas, as modificações, as perversões do corpo, mas não o próprio corpo, pois ele é um meio para o conhecimento e a ação. Não podemos destruir o corpo lunar porque não podemos destruir a natureza emocional. Mas devemos destruir as "verrugas", como as chama C.W. Leadbeater, que estão sobre essa natureza, as torções e os emaranhados nos quais ela se encontra presa.

Precisamos destruir antes de construir uma nova natureza. Não vamos destruir nossa capacidade para o conhecimento ou a afeição, mas é preciso ocorrer uma mudança fundamental em nossa natureza, uma purificação na qual o veneno é eliminado, para que sejamos reformados ou renovados. O verso 51 prossegue: "(...)purificar o teu corpo mental, e limpar o teu coração". A mente não é destruída, mas é limpa de suas paixões, luxúrias e febres.

Se você examinar as ilustrações no livro de C.W. Leadbeater, *O Homem Visível e Invisível*, particularmente aquelas dos corpos astral e mental, verá que o corpo mental sempre traz uma semelhança com o corpo astral. As cores são mais ou menos as mesmas, apenas um pouco mais puras e pálidas. Ou seja, a mente e o pensamento seguem os desejos. Conforme forem seus desejos e emoções, assim serão seus pensamentos; a mente e as emoções formam um par.

HPB comenta, no *Glossário Teosófico*: "A forma astral produzida pelo princípio *Kāmico*, o *Kāma-Rūpa* ou corpo de desejos." O desejo é um princípio, e a forma por ele produzida é o corpo lunar. Um Adepto ainda possui seu corpo astral, mas este está absolutamente livre de qualquer mácula; suas cores expressam a natureza pura da alma. O desejo é destruído e, assim, as formas que a consciência assume sob a pressão do desejo também são destruídas. Quando a consciência não está agitada, movendo-se por várias coisas, é uma consciência livre, a consciência por si mesma, um oceano de consciência, conforme HPB descreve. Os corpos superiores de um Adepto, quando este se encontra em um estado de *Yoga*, calmo, sem pensar em nada, livre de toda forma de modificação, são como a luz da lua sobre um oceano de águas calmas.

Entretanto, por mais calma que uma pessoa seja, ela ainda possui seu caráter particular, e esse caráter também está presente em sua consciência. Assim, quando a consciência não é modificada pelas forças que surgem do contato com o mundo externo de matéria e sensação, ela assume a sua forma natural, a individualidade pertencente àquela pessoa em virtude de sua descida ter sido realizada por meio de um raio particular do Eu Único. Assim sendo, todos possuem certa singularidade, e se tivermos que expressar essa singularidade em uma forma, sem dúvida será a forma da beleza. Aquilo que é unicamente seu é como um princípio invisível. Se essa singularidade tiver que ser imaginada de alguma maneira, ela adquirirá uma forma. Suponha que um Adepto que nunca tenha descido ao plano físico, e nunca tenha assumido uma forma física, tenha que se manifestar nos mundos inferiores; ele teria que fazê-lo de uma forma que lhe pertencesse. Iria, portanto, manifestar sua própria forma oculta, que seria necessariamente bela e diferente da forma de qualquer outra pessoa. A beleza dessa forma, a fórmula, por assim dizer, é sua constituição. A consciência fluindo a partir de seu próprio raio particular, juntamente com o feixe individual do Feixe de Luz Único, intocada por forças externas, exibe sua própria alma ou natureza interna. Nossa natureza lunar é uma falsidade; ela foi moldada artificialmente, formatada por várias forças e influências do nosso ambiente externo. Até mesmo nossas experiências nos conferem certa aparência, como podemos perceber no rosto de uma pessoa que se aflige.

Mas suponha agora que o seu Ego espiritual – para usar um termo teosófico – queira se manifestar. Você não pode colocar sua herança *Kármica* de lado, as tendências carregadas de vida a vida, que sempre se fazem presentes. No momento em que o Ego desce para o plano astral, sua forma é moldada por essas forças vindas de cima; portanto, essa não é a verdadeira forma nativa do Ego. Assim, "destruir o corpo lunar" significa limpá-lo. Quando o corpo astral for purgado de tudo o que é impuro, quando todas as sombras escuras tiverem desaparecido, quando ele se encontrar em um estado de verdadeira liberdade, sem sofrer a pressão das paixões, então terá sido "destruído".

"Ó matador dos teus pensamentos, todos esses têm de ser outra vez mortos até não ser possível reanimarem-se." [I.85.] Quando uma pessoa reencarna, todos os velhos desejos estão dormentes. Ela vem como uma criança, maravilhosamente fresca e adorável. As paixões e tendências que foram demonstradas e estiveram ativas durante a vida anterior desapareceram por um tempo. Mas elas com certeza ressurgirão e crescerão em profusão, caso encontrem um solo favorável. Aquele que deseja chegar a um estado de pureza ou saúde, do ponto de vista interno, precisa eliminar completamente o veneno, sem possibilidade de retorno.

Assim, devemos destruir os desejos, e os desejos são o mesmo que o corpo lunar. Assim como a lua obtém sua luz do sol, o astral obtém qualquer luz que possua do Sol que é o Eu Superior.

Há um profundo significado no fato de que o corpo astral é um reflexo do corpo mental, e, depois, de *Buddhi*. É claro que *Buddhi* não possui qualquer existência objetiva, pois o corpo *búddhico* pertence às regiões sem forma. Mas a qualidade da consciência espiritual é refletida no astral de forma ainda mais visível e marcante que no corpo mental.

O corpo astral é um princípio independente que com muita frequência influencia a mente, quando, na verdade, ele próprio deveria seguir a liderança interna, vinda da intuição espiritual superior. Ele não deveria originar o desejo, nem o desejo deveria ser o campo de onde brotam os impulsos.

> Não podes percorrer a Senda enquanto não te tornares a própria Senda. [I.58]

Percorrer não significa apenas percorrer um espaço. Significa um movimento no qual nos tornamos completamente identificados com aquele estado de mente e coração que é a Senda, uma condição na qual somos capazes de explorar a verdadeira natureza das coisas e alcançar um conhecimento diferente com relação a elas. Precisamos desaprender muitas coisas antes de conhecer a vida como ela realmente é. Para isso precisamos ter uma mente pura, que esteja em um estado de refinamento e frescor.

Uma pessoa que esteja amando – amor verdadeiro, no qual não se busca qualquer tipo de gratificação física ou emocional – vê algo extraordinariamente belo no objeto do seu amor, uma graça e beleza divina. Esse é um estado de grande sensibilidade, no qual ela penetra nos sentimentos e emoções da outra pessoa. Esse tipo de sensibilidade, de percepção interna, pode existir com relação a tudo o mais. HPB a ele se refere como "os olhos do Espírito".

O verso I.52 nos diz que "as águas puras da vida eterna, límpidas e cristalinas, não podem misturar-se com as torrentes lamacentas da tempestade da monções". Isso quer dizer que a natureza da alma pura e a natureza das paixões inferiores, que dirigem o eu inferior, não podem se unir. O mundo espiritual é muito diferente dos mundos inferiores, e a alma permanece intocada por tudo que neles ocorre. Podemos fazer as coisas mais atrozes, mergulhar em todo tipo de excesso, no arrastar por todo tipo de sordidez, e isso não toca a alma. Ela permanece em sua própria altura. Mas a mente, até certo ponto, expressa a alma, e ao mesmo tempo é modificada pelas forças do mundo inferior. Ela pode possuir algo adorável em sua natureza, assim como coisas desagradáveis e perniciosas. Ambas estão lá, mas não se misturam. Você não pode transigir com a alma ou com a Verdade interior, embora possa misturar as duas de uma forma externa, da mesma forma que pode pegar pedras preciosas e todo tipo de sujeira e misturá-las em uma sacola. Entretanto, as gemas não serão afetadas pela sujeira na qual ficaram por um certo tempo.

A mesma coisa é expressa no verso I.56: "O ser da matéria e o Ser do Espírito nunca podem se encontrar." O Ser do Espírito é o fragmento da divindade única; o ser da matéria é aquele ser criado artificialmente, que não existe de fato; nós apenas acreditamos que ele existe. J. Krishnamurti faz uma clara distinção entre o ser repleto de egoísmo, que não passa de um pacote de reações, e o Ser que pode ser chamado de inteligência clara.

Você não deve fazer distinção entre você e o seu modo de vida. Você mesmo é o seu modo de vida; seu modo de vida é você — como está colocado no verso I.92:

> E agora, *Lanoo*, tu és o agente e a testemunha, o que irradia e a irradiação, a luz no som e o som na luz.

Você é tanto a pessoa que age quanto a que observa a ação.

Existem várias passagens que expressam o espírito de compaixão ou amor sem o qual não existe qualquer vida espiritual:

> Que a tua Alma dê ouvidos a todo grito de dor como a flor de lótus abre o seu coração para sorver o sol matutino. [I.59]

Todo o ensinamento Budista, em particular o Mahayana, está permeado por esse sentimento de compaixão para com todas as criaturas sofredoras, que é a qualidade mais necessária por aquele que aspira alcançar as alturas espirituais de um *Bodhisattva*. O fim do desejo é o meio para a liberação dessa compaixão. Quando tivermos eliminado o desejo, não mais almejaremos coisas meramente externas, como casas e roupas; não desejaremos qualquer experiência. Quando nada buscamos para nós mesmos, ocorre um fluxo de amor. Assim, a única maneira de se tornar uma corporificação da compaixão e do amor é matando todo o desejo e toda partícula de egoísmo. As duas coisas não podem conviver. Precisamos mirar na nossa completa transformação.

> Não deixes que o sol feroz seque uma única lágrima de dor antes que a tenhas, tu mesmo, enxugado dos olhos de quem sofre.
>
> Que cada ardente lágrima humana goteje no teu coração e aí permaneça; nem tampouco a seques enquanto não for retirada a dor que a causou.
>
> Estas lágrimas, ó tu de coração tão compassivo, são os rios que irrigam os campos da caridade imortal. [I.60-62]

"Mata o desejo; mas se o matares, cuida bem para que ele não renasça depois de morto." [I.63.] Podemos ser virtuosos por determinado tempo, mas, um pouco depois, as velhas tentações retornam, pois as sementes do desejo não foram destruídas. O homem comum é bom o bastante quando se encontra em ambientes que favorecem esse lado de sua natureza. Muitas pessoas são agradáveis quando não possuem autoridade, mas coloquem-nas em uma posição de poder e elas mudam. Elas não estão de fato diferentes, pois tudo isso estava latente nelas; sua gentileza estava só na superfície e funcionou até determinado momento.

O homem que tenta trilhar o caminho espiritual ou oculto precisa se assenhorar completamente de si. Não pode haver uma única mancha remanescente de seu antigo eu. Todos carregam consigo, pelo menos levemente, o odor de seu passado. Podemos escondê-lo colocando vários perfumes, porém aquele com o "nariz oculto" poderá detectá-lo.

> Não desejes nada. Não te amofines contra o *Karma*, nem contra as leis imutáveis da Natureza. [I.65]

É óbvio que, quando o inevitável ocorre, podemos tanto aceitá-lo com boa vontade ou lamentar a nossa sorte. Quando a bola chega ao batedor, ele pode encontrá-la com um taco plano ou pode colocar o seu taco num ângulo para que a bola deslize; assim, ele permanece diante do *wicket* calmo e firme, pronto para receber a próxima bola.[19]

Não leve tudo tão a sério. Se alguém lhe ofender ou fizer algo errado, isso é da sua natureza; ele deve falar e agir de acordo com o que ele é. Considere isso como tal, siga para o próximo item na agenda da vida e não haverá problema. Se levarmos as coisas mais levemente, poderemos caminhar calmamente pela senda oculta; do contrário, ficaremos cheios de emoções e desejos. Que haja o mínimo de atrito possível, pois quando há atrito, o *Karma se* inicia. Isso depende muito da nossa atitude interna.

> Mata os teus desejos, *Lanoo*, torna os teus vícios impotentes, até dares o primeiro passo na jornada solene...
> Não creias que a luxúria possa ser aniquilada se é satisfeita ou saciada. [I.70, 76]

O desejo não se extingue através da sua satisfação temporária, mas, quando não existem os meios para satisfazê-lo, a mente deixa de tentar. Somente quando houver a possibilidade de gratificação é que haverá uma busca por todos os meios pelos quais a gratificação possa ser obtida.

> Aparta tua mente de todos os objetos e visões externas. [I.86]

Para realizar o que está no interior, precisamos nos retirar do que está no exterior. A fim de ouvir o que está dentro, precisamos primeiro observar o que está fora.

[19] Referência ao jogo de críquete, muito popular na Índia. *Wicket* consiste de três estacas de madeira plantadas no chão, cobertas por dois pedaços de madeiras chamados *bails*. (Nota da Tradutora.)

> Auxilia a Natureza e trabalha com ela; e a Natureza te terá por um dos seus criadores e te obedecerá.
>
> E, diante de ti, ela abrirá de par em par as portas das suas câmaras secretas, desnudará ante tua vista os tesouros ocultos nas profundezas do seu seio virgem. [I. 66 e 67]

As "câmaras secretas" não são algo misterioso em algum paraíso distante; elas estão em toda a parte, em toda árvore e em toda rocha, no céu e na terra, em todas as criaturas que neles habitam. O cientista fala das partículas elementares de matéria e das propriedades e energias nelas encerradas. Tudo está *vivo*. De todo objeto emerge uma beleza oculta, um frescor oculto.

"Não maculada pela mão da matéria, ela revela os seus tesouros apenas aos olhos do Espírito." [I.67.] Esses olhos não estão fechados para nada, podem a tudo penetrar, podem ver por detrás de toda máscara a própria alma das coisas. São "olhos para os quais não há véu em todos os seus reinos". Talvez esse estado de consciência capaz de penetrar tudo esteja na própria natureza do Universo. O Universo é muito mais misterioso e maravilhoso do que qualquer um de nós pode imaginar. Realmente, quanto mais ele é investigado, seja no nível físico ou no nível da vida e da consciência, mais mistérios são encontrados.

O discípulo que chegou a esse ponto é maravilhosamente puro; toda a sua motivação para viver, para realizar qualquer ação, é auxiliar e trabalhar com a natureza. Para ele há a promessa de que "a Natureza te terá por um dos seus criadores e te obedecerá" [I.66]. O Mestre Djual Khul escreve, nas *Cartas dos Mahatmas*: "Satisfeitos por não serem reconhecidos ou agradecidos, [os Adeptos] cooperam com a Natureza." Esse é realmente o objetivo dos nossos esforços, não a aquisição de truques psíquicos que atraem apenas os imaturos.

Depois o livro fala da "meta além da qual jazem, banhadas pela luz solar do Espírito, glórias incalculáveis, invisíveis a qualquer um, exceto aos olhos da Alma" [I.68]. Ele enfatiza o fato de que, antes que se possa pegar a estrada, é preciso ficar livre de todos os vícios e fraquezas: "Ai de ti, ó Discípulo, se restar um único vício que não abandonaste; porque então a escada cederá, fazendo-te cair... Acautela-te, não vás pousar um pé ainda sujo no primeiro degrau da escada." [I.69]

> Um único pensamento a respeito do passado que abandonaste te puxará para baixo, e terás novamente de começar a ascensão.
>
> Mata em ti toda a recordação de experiências passadas. Não te voltes para trás ou estarás perdido. [I. 74 e 75]

O Senhor Buddha olhou para trás e viu todas as suas vidas passadas, mas ele estava pronto para encará-las e não ser por elas afetado. Gostamos de olhar para trás porque nos é gratificante retornar às cenas passadas. Fazendo isso, estamos fortalecendo tendências que deveriam ter sido eliminadas; assim, é melhor não se deter nas experiências do passado. Somente quando chegamos num ponto seguro de nossa jornada é que podemos encarar o nosso passado, porque então não seremos afetados.

Embora possamos fechar nossos olhos e excluir o mundo externo, há ainda toda uma galeria de imagens e memórias internas de atividades e interesses. Um tipo de ação automática do passado ocorre mesmo quando este foi encerrado. Todos nós tivemos experiências no passado que foram muito apreciadas. A memória dessas experiências ainda está lá, e, por sua ação, o desejo de repetição das experiências é ressuscitado.

As experiências passadas precisam perder seu conteúdo vivo para que o presente não fique ligado ao passado. Quando pensamos em uma cena passada, precisamos ser capazes de pensar nela sem qualquer reação, como se não estivéssemos pessoalmente envolvidos, mas como meros espectadores ou testemunhas. A memória precisa se tornar uma espécie de concha das quais as formas foram removidas; quando isso é feito, o discípulo recupera o estado infantil que havia perdido.

"O discípulo deve recobrar o estado infantil que perdeu, antes que o primeiro som lhe possa soar ao ouvido." [I.79.] O *estado infantil* é aquele da inocência, da "juventude". Não significa imaturidade; é diferente da mera inquietude dos espíritos animais ou da mente. O significado aqui é precisamente o mesmo das palavras da Bíblia: "Quem não receber o Reino de Deus como uma criança nunca entrará nele." [Marcos, 10:15]

Talvez um dia seja possível, para todos nós, iniciarmos naquele estado de pureza, e, mesmo enquanto crescemos e amadurecemos, retê-lo até o fim. O espírito de inocência não pensa mal dos demais, não desconfia de ninguém. Muito frequentemente, quando suspeitamos de alguém, há um desejo de atrair para ele aquilo de que suspeitamos. O homem espiritual não deseja suspeitar de ninguém, mas vê cada situação objetivamente.

"A luz do Único Mestre, a única e eterna luz dourada do Espírito, lança os seus resplandecentes raios sobre o discípulo desde o primeiro instante." [I.80.] Essa luz se espraia desde o mais profundo da própria natureza de uma pessoa. "Os seus raios atravessam as pesadas e espessas nuvens da matéria." Em toda parte, o espírito está entrelaçado à matéria.

> Ora aqui, ora ali, esses raios as iluminam, como os raios do Sol iluminam a Terra através das espessas folhagens da floresta. [I.81]

Então uma grande mudança ocorre no indivíduo. "O Único Mestre" é o Deus interno oculto, o *Logos*. No momento em que uma pessoa se torna um discípulo, mesmo antes de se livrar do desejo, recebe ao menos um feixe daquela luz que desce sobre certos aspectos de sua natureza. Os raios da fonte espiritual penetram a densidade das consciências astral, mental e física. Os raios, entretanto, ainda não permeiam todo o campo, pois isso ainda precisa ser alcançado, mas aqui e ali pode ser vista uma pequena iluminação, uma pequena orientação.

> Mas, ó discípulo, a não ser que a carne seja passiva, a cabeça tranquila, a Alma firme e pura como um diamante cintilante, o fulgor não chegará à câmara, a sua luz solar não aquecerá o coração, nem os sons místicos das alturas *ākāshicas* chegarão ao ouvido, por mais ávido que esteja, no estágio inicial. [I.81]

Depois de um tempo, a ânsia se desvanece. O iniciante possui inúmeras perguntas a fazer, mas, à medida que avança, tende a perder o frescor do interesse e o entusiasmo que sentiu no princípio. Depois, em um estágio posterior, esse entusiasmo é readquirido, juntamente com "doce paciência" que está disposta a esperar o tempo em que as respostas aos problemas chegarão por si mesmas.

O último estágio é assim descrito: "E agora o teu ser está perdido no Ser, tu mesmo em TI MESMO, imerso naquele SER do qual anteriormente irradiaste." [I.90.] Agora já não existe mais o eu e o outro; não há qualquer processo mental ou de desejo, apenas o Um existe. "Onde está a tua individualidade, *Lanoo*? (...) És a chispa perdida no fogo, a gota dentro do oceano, o raio de luz sempre presente tornado o Todo e o fulgor eterno." [I.91.] Ou seja, essa consciência é reabsorvida pela fonte superior da qual havia descido.

Há uma referência às Quatro Nobres Verdades do Budismo:

> Tu és o (...) enunciador dos quatro modos da verdade:
>
> Não atravessaste tu o conhecimento de toda a miséria – a primeira verdade?
>
> Não venceste o rei dos *Māras* em *Tsi*, o portal da assembleia – a segunda verdade?

> Não destruíste o pecado no terceiro portal, atingindo a terceira verdade?
>
> Não entraste em *Tau*, "a Senda" que leva ao conhecimento – a quarta verdade? [I.93-97]

Cada uma dessas frases afirma a essência de uma vasta verdade em poucas palavras. Somente aquele que conhece a verdade pode apresentá-la em uma forma que é simples, bela e sugestiva. Deve conter dentro de si vários aspectos da verdade, que se revelarão um a um à medida que os contemplamos.

O verso I.98 menciona "o Mestre do *Samādhi*". *Samādhi* é uma palavra à qual vários significados superficiais foram atribuídos. Frequentemente, costuma-se dizer que uma pessoa num estado de semiconsciência ou de intoxicação está em *samādhi*, o que não é uma ideia totalmente errada, mas uma ideia muito grosseira e estúpida. De fato, *samādhi* quer dizer, literalmente, um estado de perfeito equilíbrio; é um estado de abstração, de não dependência e contemplação, que surge quando a mente é mantida em perfeito silêncio e quietude. Quando as águas estão calmas e transparentes, sem lama ou matéria acumulada, podemos ver até o fundo. Também podemos ver claramente no fundo de nós mesmos, pois toda a nossa natureza se purificou.

O parágrafo final dessa seção é:

> Veja! Tu te tornaste a luz, tu te tornaste o Som, és o teu Mestre e o teu Deus. Tu próprio és o objeto da tua busca: a voz ininterrupta que soa através de eternidades, isenta de mudanças, isenta de pecados, os sete sons em um só, A VOZ DO SILÊNCIO. [1. 99]

A iluminação do estado atingido torna todas as coisas inteligíveis e claras. "O Som" é certa afirmação definitiva; toma forma, ao passo que a luz sempre é sem forma. O discípulo se tornou uno com o Mestre interior, tornou-se aquilo que vinha buscando. "A VOZ permanente" é aquele Princípio divino espiritual – o *Logos* – que existe de eternidade a eternidade. Possui os sete tons ou qualidades: "os sete sons em um só" combinados na VOZ DO SILÊNCIO.

Podemos nos beneficiar muito ao meditar sobre cada uma das frases desse Fragmento. As pessoas pedem novos livros para meditação; não estão satisfeitas com o que já existe porque não conseguem apreciar sua beleza. Se não estamos satisfeitos com o presente, e desejamos mudar para alguma outra coisa, então o presente não está nos fornecendo a Verdade. Mas a vida deveria ser vivida de forma que não nos fizesse nos apegar ao presente ou ansiar pelo futuro. Deveríamos deslizar suavemente, sem nos apegar a um momento em particular.

É bom que nos debrucemos sobre as coisas que podem parecer estar além da nossa capacidade. Devemos ter uma apreciação genuína e bela sobre o bom e o eterno, e, no devido tempo, isso será expresso em nossas vidas e ações. Não devemos nos desesperar ou nos esforçar para responder à Verdade. A Verdade é como um riacho que corre morro abaixo e se torna um caudaloso rio, para finalmente se fundir com o oceano. E chegará a você em sua plenitude. Se você disser que está além de você, você está pensando em você mesmo. Não pense em você mesmo ou no quão distante da verdade você está; apenas responda a ela tanto quanto puder.

Fragmento II

O segundo Fragmento tem como título "As Duas Sendas". Ele inicia com um pedido:

> E agora, ó Mestre da Compaixão, ensina tu o caminho aos outros homens. Eis que todos aqueles que batem no portal, para serem admitidos, esperam na ignorância e na escuridão, para ver abrir-se o portal da Doce Lei! [II.101]

O Mestre não apenas ensina sobre compaixão; ele mesmo é pleno de compaixão. A verdadeira compaixão não traz consigo qualquer sentimento de superioridade ou inferioridade – assim, esse pedido não significa que o discípulo se sinta inferior ou que o Mestre se sinta superior. HPB iguala a compaixão com a harmonia interna, e isso se dá porque a palavra "compaixão" (como "simpatia") significa "sentir junto". É um sentimento que precisa ser experimentado para ser compreendido. Qualquer que seja a condição ou estado mental de outra pessoa, é possível entrar em relação com ela, o que somente pode ser comparado à fusão de um som musical com outro, formando um único, belo e perfeito movimento.

É um pouco difícil explicar como uma pessoa pode olhar para um grande Mestre com reverência, com um sentimento de identificação interior e amor, sem se colocar de forma alguma em posição de dependência psicológica. Em alguns níveis, somos dependentes de coisas e pessoas externas, e outras são dependentes de nós, e precisamos aceitar isso. Mas quando aceitamos perfeitamente essa interdependência, nós nos tornamos internamente livres dela, e não reagimos aos outros de uma maneira que permita diminuir essa liberdade.

Quando estamos internamente livres, somos capazes de nos comprometer em amor com outra pessoa. Quando o amor é desinteressado, podemos confiar na outra pessoa e aceitar o que vem dela. Podemos ficar completamente confiantes e cheios de perfeita simpatia, não importa o que ela faça, não importa o que aconteça.

No primeiro verso de *As Duas Sendas*, o discípulo espera para "ver abrir-se o portal da Doce Lei". Quando o Senhor Buddha viveu na Terra, em sua última encarnação, o conhecimento da verdade espiritual e os livros que continham algo dos ensinamentos sacros eram negados a todos, menos às pessoas de uma determinada casta ou seita. Supunha-se que apenas eles eram aptos para o estudo das escrituras; os demais tinham que obter deles a sua instrução. Da mesma forma, foi dito aos devotos católicos romanos, em determinada época, que eles não poderiam realmente entender a Bíblia e, portanto, era melhor não estudá-la, deixando essa tarefa para os padres, que por sua vez lhes diriam o que eles precisavam saber.

Mas o Senhor Buddha abriu a porta a todos. Ele disse (como também é dito na *Bhagavad-Gitā*) que um homem é um brâmane por certas qualidades que demonstra, não apenas por ter nascido em uma casta particular. E, além disso, que qualquer um que exiba tais qualidades também é um brâmane. Ele ensinou que o progresso é feito apenas através do mérito de uma pessoa – a vida que leva, suas ações –, não pela prática de qualquer cerimônia, pelo favor de qualquer pessoa ou por qualquer meio externo a ela mesma. É nesse sentido que Buddha abriu a porta para que qualquer um possa atravessar, caso viva no mais alto nível que lhe seja possível.

A Lei é descrita como "doce" por ser plena; ela representa a plenitude das coisas, pois é fundamentalmente a lei da unidade e harmonia. É essa unidade que está expressa nas leis que governam as coisas materiais e que também é encontrada no campo psicológico. Ninguém se fere a não ser por suas próprias mãos; o matador mata a si mesmo, embora, aparentemente, esteja sendo morto por outra pessoa. Suas próprias ações passadas trazem seu fruto inevitável. Se você estiver convencido dessa lei de justiça eterna, saberá que ninguém pode feri-lo a não ser você mesmo, e isso confere um extraordinário sentido de liberdade.

Essa Lei convive com a desordem que encontramos ao nosso redor. Isso é um mistério para nós, pois nossas mentes não podem conciliar facilmente a operação dessa Lei perfeita, que a tudo permeia, com os acontecimentos caóticos do mundo. A única maneira sensata de compreender essa dualidade de ordem e caos na Natureza é ver que, embora existam certas leis operando, elas não estão totalmente estabelecidas. Se formos adotar a visão de que essas leis deveriam estar totalmente estabelecidas porque são leis de Deus e Ele está em toda parte, onisciente, então precisaríamos aceitar que o Universo é perfeito do jeito que é. Muito embora possamos experimentar coisas que só podemos considerar como ruins, precisamos adotar a atitude de pensar que, embora pareçam ruins, são na verdade boas, e, se sofremos, de alguma maneira o sofrimento é bom. Se, em vez de acreditar em um processo de ordem evolucionária gradual, acreditarmos em uma ordem estabelecida de uma vez por todas, conforme creem os cientistas cristãos, embora possamos estar sofrendo da mais violenta dor de cabeça, teremos que afirmar que a dor de cabeça é uma ilusão, que nos encontramos em perfeito estado de saúde. Precisaremos dar essa cambalhota para nos forçar a acreditar em algo que contradiz toda a experiência que estamos tendo naquele momento.

É obvio que não podemos compreender tudo; então, não há necessidade de afirmar para nós mesmos ou para os outros que isso é assim e aquilo não é. Não somos chamados a declarar o veredito final a respeito de tudo. Podemos ver que existem certas leis, que a unidade é fundamental, que ela se expressa de alguma maneira em uma harmonia crescente; podemos ver uma ordem crescente nas coisas, podemos ver progresso. Tudo isso pode ser percebido sem nos violentarmos — não precisamos sobrecarregar a mente ou o coração em um esforço para perceber essas verdades.

É verdade que existe uma grande dose de desarmonia, falta de organização, coisas nos lugares errados. Quando as forças são aplicadas equivocadamente, há confusão e dor. Ao mesmo tempo, vemos que há um aumento na ordem. Assim, deve haver uma Lei que, embora não esteja totalmente estabelecida, esteja no processo de se estabelecer; ela luta contra o caos e, aos poucos, consegue superá-lo. A Lei é boa em si mesma, pois é a lei da harmonia. Se não ultrapassarmos os limites da Lei e das conquistas que ela já obteve, descobriremos que ela é perfeita.

O candidato pergunta: "Não quererás tu, Mestre da tua própria misericórdia, revelar a doutrina do coração?" [II.102.] HPB explica, em uma nota, que a Doutrina do Coração deve ser distinguida da Doutrina do Olho. A doutrina do olho é o conhecimento superficial. Mas, para alcançar o coração da verdade — a doutrina do coração — precisamos nos aprofundar. Ela também é chamada de "Coração Secreto" [II.106], porque é oculta; embora nossas emoções possam estar, até certo ponto, na superfície, podem ainda assim estar por demais profundas para serem expressas exteriormente.

Então o Mestre diz:

> As Sendas são duas; três as grandes Perfeições; seis as Virtudes que transformam o corpo na Árvore do Conhecimento. [II.103]

É uma característica do ensinamento oriental que cada coisa seja categorizada nos mínimos detalhes. Assim, temos as Quatro Nobres Verdades,[20] as Seis *Pāramitās*,[21] os Doze *Nidānas*[22] e assim por diante.

---

20 As Quatro Nobres Verdades são a essência central do Budismo, em torno da qual todos os demais ensinamentos budistas se baseiam. Segundo Shariputra, um dos principais discípulos do Buddha, as Quatro Nobres Verdades englobam todos os *dharmas*. São elas: A Verdade do Sofrimento (*dukkha-satya*); a Verdade da Origem do Sofrimento (*samudaya-satya*); a Verdade da Cessação do Sofrimento (*nirodha-satya*) e o Caminho para a Cessação do Sofrimento (*mārga-satya*). (Nota Ed. Bras.)

21 As Seis *Parāmitās* (ou Perfeições) são estados mentais que levam à liberação e à iluminação. Como antídotos para alguns dos nossos maiores obstáculos mentais — raiva, ganância, inveja, preguiça e assim por diante —, as seis atitudes funcionam em conjunto, per-

As duas Sendas são explicadas nesse segundo Fragmento. São descritas como duas sendas em uma, pois, ao final, ela se divide. Uma senda leva ao *Nirvāna* – o estado de repouso no qual a alma individual se funde com a Alma Universal. A outra senda também leva ao *Nirvāna*, mas aquele que a segue rejeita esse estado de bem-aventurança e retorna ao mundo, para viver em meio à humanidade que luta e auxiliá-la de todo modo possível.

> O diálogo entre o discípulo e o mestre continua.
> Ó Mestre, que farei eu para alcançar a Sabedoria?
> Ó Sábio, que farei para conseguir a perfeição?
>
> Procura as Sendas. Mas, ó *Lanoo*, sê puro de coração antes que comeces a tua jornada. [II.109-111]

Em *A Chave para a Teosofia*,[23] HPB diz que o primeiro requisito é o altruísmo – "Ocultismo é altruísmo, do princípio ao fim." Se não formos movidos pelo altruísmo, provavelmente nos desviaremos da Senda e sofreremos. Esse é o motivo pelo qual é necessário ser "puro de coração". "Antes de dar o primeiro passo, aprende a separar o real do falso, o fugaz do permanente. Aprende, sobretudo, a separar a erudição da cabeça da Sabedoria da Alma, a doutrina do *Olho*, da doutrina do *Coração*." [II.111.] Sempre se insiste nessa diferença.

A erudição da cabeça é a intelectualização das coisas, é cheia de argumentos prolixos; em geral consiste em uma massa de dados não digeridos, de onde são tiradas falsas conclusões. Quanto menos

---

mitindo-nos enfrentar tudo que acontece em nossas vidas. São ela: generosidade, ética, paciência, perseverança, estabilidade mental (meditação) e consciência discriminativa (sabedoria). (Nota Ed. Bras.)

22 Originação dependente ou interdependente é a principal contribuição budista à metafísica. Comum a todas as escolas de Budismo, tanto da tradição Mahayana quando da Hinayana. Ela afirma que todos os fenômenos são resultado da existência mutuamente dependente. São eles: 1) ignorância; 2) formações volitivas; 3) consciência; 4) nome e forma; 5) as seis bases dos sentidos; 6) sensações; 7) desejo; 8) apego; 9) ser ou existir; 10) nascimento; 11) velhice e 12) morte. (Nota Ed. Bras.)

23 BLAVATSKY, H.P. *A Chave para a Teosofia*, Brasília: Ed. Teosófica, 2020. (Nota Ed. Bras.)

uma pessoa sabe, mais certeza ela tem sobre a verdade última das coisas. Esse é um dos grandes obstáculos na Senda. Precisamos do coração simples e descomplicado de uma criança que busca apenas aprender. A sabedoria da alma é aquela sabedoria que habita a natureza espiritual do homem.

Então diz o Mestre:

> Sim, a ignorância é como um cântaro fechado e sem ar; a Alma uma ave dentro dela, que não canta, nem pode mexer uma pena; mas jaz num torpor e morre de exaustão. [II.112]

Perguntamo-nos como HPB pode ter formulado essas palavras impressionantes, como ela pôde escrever de forma tão poética e bela! Blavatsky sempre alegou ser o inglês uma língua estrangeira para ela, e há muita evidência de que ela tenha aprendido a usar o inglês livremente enquanto escrevia *Ísis sem Véu*.

O mestre prossegue dizendo que mesmo essa ignorância sufocante "é preferível à erudição da cabeça sem a Sabedoria de Alma para a iluminar e guiar" [II.113]. Um camponês iletrado pode ser melhor que dois homens eruditos cujas cabeças estão sempre rodopiando, e são, portanto, incapazes de compreender a verdade.

O Mestre salienta que a mente é como um espelho que "cobre-se de pó ao mesmo tempo que reflete" [II.115]. O que ela reflete são fatos, o que a cobre são aquelas coisas que aderem à superfície do reflexo. São as falsas noções que aderem, e isso acontece por causa da reação da mente às diferentes coisas que encontra, às diferentes sensações que registra. São essas reações que causam o pó sobre a superfície, e a mente, incauta, passa a refletir o pó por todo tempo em que permanecer na ignorância. Mas, quando a mente desperta, é como um espelho polido no qual nem uma mancha de pó pode permanecer, pois não há nada ali que possa aderir à tal mente.

Então o Mestre aponta algumas ilusões comuns – pelo menos eram comuns antigamente, e talvez não estejamos livres delas hoje. "Evita o aplauso, ó devoto; o aplauso conduz à autoilusão." [II.117.] Nós nos envaidecemos tão facilmente! Alguém nos faz um elogio, lista nossas virtudes de A a Z ou nos diz que fizemos uma bela palestra, e nosso coração se aquece imediatamente. Mas o homem sábio não dá ouvido a tais coisas. Se uma pessoa o elogia, pode ser verdade e pode não ser verdade, ou pode haver um grão de verdade misturado com falsidade. Porém, em qualquer caso, o que importa? Apenas deixe passar.

> O autoconvencimento, ó discípulo, é como uma torre altíssima à qual subiu um arrogante tolo. Ali se senta em orgulhosa solidão, desapercebido de todos, salvo de si mesmo. [II.118]

Em seguida o Mestre faz referência à Lei que separa o grão que se vai moer da casca. O verdadeiro conhecimento, ao contrário do falso aprendizado, é alimento para a alma.

> O verdadeiro conhecimento é a farinha, a falsa erudição é a casca (...). Se amassas cascas com o orvalho de *Māyā*, só podes criar alimento para as pombas negras da morte, as aves do nascimento, da decadência e da tristeza. [II. 122]

HPB fala da alma humana como distinta da alma animal e da alma divina. São três almas em uma, como os aros de um malabarista que, com um movimento da mão, podem ser exibidos como três ou reduzidos a um. São os três aspectos de *Manas* – divino, humano e animal. A alma humana é colocada entre a divina e a animal, ou melhor, entre a alma espiritual e a alma material.

A alma espiritual é imortal, e é tão vasta quanto o céu. A alma humana é limitada, ela está crescendo e mudando, e um dia se unirá com a alma espiritual, quando haverá apenas uma natureza completa, unificada. A alma animal, que é um composto da *psique*, ou uma espécie de inteligência instintiva, um dia deixará de existir. Quando a forma material se desintegra, a inteligência psíquica se liberta, unindo-se ao espírito.

A diferença entre a alma e a mente é que a alma, seja a animal ou a divina, age através de um movimento instintivo. A alma animal age através de um instinto animal; pode ser o instinto das essências elementais, mas é um instinto material. A alma divina age por um instinto ou intuição divina. A mente, com a qual a alma humana está especialmente identificada – porque no estágio humano é a mente que está ativa, independente e agressiva –, age através de uma percepção objetiva, não por um instinto interno, não por um movimento interno, mas através da percepção de algo externo a ela – relembrando incidentes passados, fazendo inferências e assim por diante.

Eventualmente, a mente e a alma se unificam, de forma que a ação baseada no processo externo e na memória não entra em conflito com a intuição interna, que surge naturalmente e se expressa de forma apropriada, criada por ela mesma.

Enquanto não percebermos que as emoções que pertencem à natureza divina – amor, devoção, entrega, adoração, veneração, compaixão – constituem os mais belos movimentos possíveis da alma ou consciência pura, nunca conheceremos sua verdadeira natureza. Quando a atitude interior decorrente dessas emoções é despojada de todos os desejos e inclinações pessoais, que se baseiam em gostos e aversões, em que consiste a emoção? Se compreendermos isso, conheceremos a qualidade pura que pertence ao eu espiritual subjacente.

A Doutrina do Coração apela para o interior de um indivíduo; não é uma doutrina puramente intelectual. A cabeça difere do coração por representar a mente, enquanto o coração representa a percepção mais profunda. A Doutrina do Coração é uma doutrina esotérica, em oposição à Doutrina do Olho, ou conhecimento meramente superficial. Ela é descrita como "a verdade revelada sobre o Coração Secreto" [II.106]; é a verdade sobre os mistérios ocultos no próprio eu secreto de uma pessoa. O conjunto da natureza é um processo complicado e, embora haja unidade no coração de tudo, o modo como essa unidade está relacionada com a diversidade em tudo é um mistério. Por exemplo, a maneira como a energia que se encontra no Uno flui em diferentes padrões, e como ela segue a lei de cada padrão. Somente quando penetramos no coração, e de lá partimos para o exterior por muitos caminhos diferentes, podemos descobrir que cada caminho possui sua própria beleza e singularidade, que aparece de acordo com o padrão particular de cada coisa.

> Seis [são] as Virtudes que transformam o corpo na Árvore do Conhecimento. [II.103]

Mas por que seis? Elas devem estar na própria natureza das coisas. Talvez correspondam aos seis aspectos da natureza humana, ou podem existir seis modos de ação que surgem na constituição do homem, ou seis facetas da mente, ou algo do tipo. Toda unidade – todo indivíduo – é uma Árvore da Vida, possui raízes, tronco e galhos, cresce e se expande, embora possamos não ter qualquer conhecimento disso.

Se a vida é idêntica à consciência, podemos ver que a consciência cresce, se expande e opera de determinadas maneiras. A árvore tem suas raízes no passado remoto e a maioria de seus galhos está no presente, embora, sem dúvida, ela ainda possua alguns galhos que também existiam no passado. Mas, quando olhamos além, descobrimos que os galhos mais velhos desapareceram, assim como os animais mais velhos, como pterodátilos e dinossauros, deixaram de existir. Eles tiveram o seu tempo, e nós, humanos, os substituímos. Da mesma forma, alguns galhos – algumas espécies e gêneros – que hoje florescem não podem ser encontrados no passado.

Vamos mais além; consideremos uma vida individual. Ela também é uma árvore da vida, está crescendo, lançando rebentos e gavinhas de consciência em diferentes direções, e desenvolveu certa vontade de agir de modos particulares. Esses constituem os galhos, gavinhas e ramos.

Também no reino humano cada um de nós é uma árvore da vida. Essa Árvore da Vida humana que somente experimenta coisas, que apenas reage aos estímulos e emite seus galhos em diferentes direções, precisa ser transformada na Árvore do Conhecimento. Somente no caso de um ser humano podemos notar tal transformação. O homem conhece muitas coisas em muitos níveis diferentes, seu conhecimento alcança inumeráveis direções no próprio coração da Natureza. Portanto, ele é capaz de ser transformado em uma Árvore de Sabedoria.

Trata-se, na verdade, tanto de Conhecimento quanto de Sabedoria. Conhecimento é sempre sobre aquilo que existe, o real, seja uma pedra, uma árvore, algo no Plano Astral ou Mental, ou todo o Universo em qualquer nível. Ele é sempre objetivo. Ou sabemos ou não sabemos; não é uma questão de especulação ou crença. A Sabedoria, por outro lado, é algo indefinível; ela orienta uma linha de ação relacionada às coisas, pessoas, circunstâncias ou toda uma situação, sobre as quais já temos um conhecimento objetivo. A Sabedoria é subjetiva; ela precisa compreender a situação, ter conhecimento prático dos fatores envolvidos nela, antes de poder se direcionar para a melhor conclusão. A Sabedoria é complexa e sutil, tem um entendimento delicado de uma situação, busca conhecer todo o terreno; age mais por sentimento ou tato que por uma avaliação formal ou por mera lógica.

Na transformação do homem, a verdade que primeiro deve ser percebida (e que é a última a ser perfeitamente compreendida) é a verdade sobre o Coração Secreto. Se não pudermos sentir, ainda que vagamente, a sua sutil natureza, não poderemos começar a trilhar a Senda, pois nossos primeiros passos precisam ser guiados pelo raio que ele emite; do contrário, tudo é escuridão. Leva tempo até que saibamos o quão sagrado e maravilhoso ele é, que universo de significados e verdades ele contém.

HPB define o Coração Secreto simplesmente como "a doutrina esotérica". É o próprio coração do ser, que não é apenas o "repouso celestial" (como descrito em *A Luz da Ásia*), mas a Beleza absoluta da qual fala Platão, e a iridescência que pertence à alma das coisas. É também Amor, conforme indica a palavra "coração".

Repara como, tal qual a lua se reflete nas ondas tranquilas, *Ālaya* é refletida pelos pequenos e pelos grandes, espelhada nos átomos ínfimos, e contudo não consegue chegar ao coração de todos. [II.108]

Ālaya significa, literalmente, "a morada". Também é usada para significar a Alma Universal, ou, para usar um termo teosófico, *Buddhi*, que está subjacente a tudo, do qual toda alma é uma modificação ou individualização. Não é a Mente Divina planejando, construindo, geometrizando, mas a natureza daquilo de onde nasce a mente. Alma e mente são encontradas na Natureza, assim como em cada indivíduo, e a mente nasce da alma – portanto, possui uma origem imaculada, mas se corrompe através da exposição às influências do mundo de matéria.

A Alma Universal, ou *anima mundi* (alma do mundo), está refletida em tudo, pequeno e grande, assim como a lua está refletida nas ondas tranquilas. A lua é um símbolo de *Buddhi*; a luz de *Buddhi* é a luz refletida de *Ātman*, que é o Sol. Portanto, a luz de *Buddhi* é comparada à luz da lua, que é a luz refletida do sol.

As ondas representam o mundo material, que está sempre mudando, desintegrando-se e perecendo. Não conseguimos ver essas mudanças com nossa percepção lenta e embotada, exceto depois de um longo período de tempo. Tudo está mudando. Daqui a décadas, o mundo será bem diferente. Existirão novas pessoas, costumes, pensamentos, religiões, vestuário e talvez comida. É adequado comparar esse mutante universo de forma e da matéria com as ondas de um oceano sobre o qual repousa a luz da lua.

Mas essa luz desce a partir do interior, pois é a luz da Alma Universal, a qual se encontra nos planos internos, e, de alguma forma, é refletida por tudo, embora não a percebamos.

A condição na qual se encontra a vasta massa de pessoas é, fundamentalmente, a ignorância, o que cria ilusões das mais diferentes espécies. Embora haja uma grande Alma do Mundo, *Ālaya* – como podemos chamar a natureza espiritual das coisas –, as pessoas estão em tão pouco contato com ela que o seu proveito é muito pequeno.

Essa natureza, que está subjacente a tudo o que existe, que é o substrato espiritual de tudo, possui uma qualidade de movimento radiante e, ao mesmo tempo, uma imensa tranquilidade. É essa natureza que está sendo desenvolvida no curso da evolução, pois a evolução possui um único objetivo, desenvolver aquela natureza verdadeira, trazer para a objetividade aquilo que está profundamente oculto no interior. *Ālaya*, portanto, é o próprio coração da natureza interna de cada ser individual. Por essa razão, o lamento:

> Ai, Ai, embora todos os homens possuam *Ālaya*, sejam unos com a grande Alma, e mesmo assim, possuindo-a, *Ālaya* tão pouco lhes sirva! [II.107]

É como se o homem, vagando miseravelmente como pedinte, possuísse uma joia em seu bolso, próximo do coração, mas estivesse inconsciente da sua existência, e menos ainda do seu valor.

Então, o que deveria fazer uma pessoa que deseja iniciar essa jornada? *As Duas Sendas* nos informa o primeiro passo:

> Procura as Sendas. Mas, ó *Lanoo*, sê puro de coração antes que comeces a tua jornada. [II.111]

O seu objetivo, portanto, deveria ser tornar-se puro e não egoísta, pois toda a limpeza está reduzida à ausência de egoísmo.

> Antes de dar o primeiro passo, aprende a separar o real do falso, o fugaz do permanente.

Esse discernimento não é fácil, pois nem sempre sabemos o que é permanente.

Como no primeiro Fragmento, aqui encontramos belas passagens sobre amor e compaixão.

> Se te disserem que para te libertares tens de detestar a tua mãe e desprezar o teu filho; de renegar o teu pai e chamar-lhe de "dono de casa"; de renunciar a toda compaixão pelos homens e pelos animais – dize-lhes que as suas palavras são falsas. [II.124]

Havia, aparentemente, uma grande dose de incompreensão na Índia naquele tempo – e ainda existe em muitos lugares – sobre o significado da renúncia. Sempre se entendeu que uma pessoa devia dar as costas a seus parentes e amigos, escapando para algum lugar onde ficasse livre das pressões da vida diária.

> Se te disserem que para te tornares *Arhan*[24] tens de deixar de amar todas as coisas – dize-lhes que mentem. [II.123]

São palavras fortes. Existem pessoas, especialmente na Índia, que se devotam às práticas ascéticas, mas que se colocam em um estado de autoisolamento. Mantendo-se distantes dos demais, curvadas sobre sua própria salvação, buscam comunhão com sua divindade especial. Isso produz certa dureza que serve para isolá-las ainda mais.

O isolamento é a consequência mais perigosa que pode ocorrer. O homem capturado por ele acaba por cair em um estado de *avītchi* – "sem ondas" – no qual não há vibração, calor ou luz, não há qualquer sensação. Ele se torna como uma rocha ou como madeira apodrecida. O que se faz necessário é um estado de crescente comunicação com os outros, de comunhão com eles, um sentimento de unidade, de se estar cada vez mais aberto a eles, suscetível a tudo que neles é belo. Precisamos nos tornar sensíveis em tudo o que fazemos. Se somos sensíveis, somos sensíveis a tudo, à felicidade e à tristeza das pessoas, ao feio assim como ao belo. Precisamos respon-

24 Digno, venerável, merecedor de respeito. (Nota da Tradutora.)

der a tudo que existe, da forma como é. É claro que responderemos de diferentes maneiras. Não devemos aceitar tudo, mas compreender tudo e nunca excluir nada de nossa simpatia. Não precisamos nos tornar uma múmia ressecada para levar uma vida espiritual.

> Se te ensinarem que o pecado nasce da ação e a bem-aventurança da inação absoluta, dize-lhes que se enganam. [II.126]

A inação produz apenas o tédio e não felicidade. O fato é que ninguém pode ser realmente inativo. Mesmo quando fisicamente parada, uma pessoa está ativa na mente e nos sentimentos, como Sri Krishna nos diz na *Bhagavad-Gitā*.

Da mesma forma, diz-nos *As Duas Sendas*:

> Não creias que te sentando em florestas escuras, em orgulhosa reclusão, afastado dos homens; não creias que a vida alimentada de plantas e raízes, saciada a sede com a neve da grande Cordilheira – não creias, ó Devoto, que isso te levará à meta da libertação final.
>
> Não julgues que partir os ossos, rasgar a carne e os músculos, te unirá ao teu Ser silencioso. [II. 132 e 133]

Essa era uma favorita doutrina do passado: era ensinado que, uma vez que a ação produz *Karma*, o aspirante à espiritualidade deve deixar de agir. Nos bancos do Ganges sentava-se uma mulher que não se mexia mesmo se o alimento fosse colocado em sua boca. Seus discípulos faziam isso por ela, muito embora, em realidade, fosse ela mesma que engolia! Não existe fim para as distorções humanas sobre as ideias espirituais.

A esse respeito, diz o Mestre:

> Os bem-aventurados desprezaram essa atitude. O Leão da Lei, o Senhor da Misericórdia, percebendo a verdadeira causa da dor humana, imediatamente abandonou o repouso suave, mas egoísta, dos tranquilos desertos. [II. 134]

O Buddha se retirou para a selva a fim de descobrir a verdade, e após tê-la descoberto, retornou para pregar às pessoas.

> Semeia boas ações e colherás os seus frutos. (...) O autoconhecimento é filho de ações amorosas. (...) Fixa o olhar da tua Alma na estrela cujo raio és, a estrela chamejante que brilha nas obscuras profundezas do ser permanente, nos ilimitados campos do Desconhecido. [II. 135-7]

Essa é a estrela da nossa verdadeira individualidade.

> Tem perseverança, como aquele que tem de resistir eternamente. As tuas sombras vivem e desaparecem; aquilo que em ti viverá para sempre, aquilo que em ti conhece (porque é conhecimento) não é de vida transitória: é o Homem que foi, que é e será, para quem a hora nunca soará. [II.138]

Essa é a individualidade espiritual, a consciência que obteve conhecimento de si mesma; o Homem. HPB explica em algum lugar que "Homem" não significa uma criatura com a forma e o aspecto particulares que apresenta hoje. Em outros sistemas pode haver seres que essencialmente são Homens, que possuem aquela natureza que lhes confere o direito de serem chamados Homens, mas que podem ter outro aspecto. Podem, inclusive, pelo que sabemos, possuir asas, ou quatro pernas, ou seis orelhas! Pois tudo o que constitui os órgãos de percepção e ação é incidental e superficial. O que essencialmente constitui o Homem é uma consciência capaz de compreender a si mesmo, seus próprios movimentos e processos.

O objetivo da nossa jornada é o *Nirvāna*, e para alcançar o *Nirvāna* "é preciso chegar ao autoconhecimento, e o autoconhecimento é filho de ações amorosas" [II.136]. Uma alma não desenvolvida fará muitas coisas erradas por não possuir discernimento entre o certo e o errado. É preciso ter um sentido de beleza para fazer a distinção entre beleza e feiura. O sentido de beleza – ou de correção, ou de gentileza – é desenvolvido apenas através da ação.

Novamente a importância da ação é enfatizada, porque o homem de compaixão, de simpatia e amor, não pode se abster da ação. Ele é sempre chamado a compreender, a auxiliar de alguma forma. Diz-se por vezes que a ação é a criadora do *Karma* e das complicações, e somos instados a fugir de um e a obter libertação da outra. Portanto, não é melhor se abster da ação o quanto for possível? Na *Gitā*, Sri Krishna diz que é impossível se abster da ação mesmo por um instante. E a inação também cria *Karma*: "A inação num ato de misericórdia se converte em ação num pecado mortal." [II.135.] Não podemos escapar do *Karma*; então, é melhor agir.

Buddha ensinou o "Caminho do Meio", no qual tanto os excessos do ascetismo quanto os prazeres mundanos devem ser evitados. Por certo que a Senda do Buddha não é um compromisso entre a autoindulgência e a perfeição da pureza. Significa que devemos encontrar um equilíbrio, e isso é muito difícil. É mais fácil se entregar a um excesso que se manter no meio. Um homem aprende que fruta lhe faz bem, então ele tenta viver disso de manhã até a noite. Outro realiza bem uma ação e sente o benefício que dela deriva, mas tem uma tendência a exagerar. Existem aqueles que sentem que é bom ir à igreja ou ao templo, e assim imaginam que devem ir com a maior frequência possível para obter o máximo mérito.

Precisamos ter equilíbrio em todas as coisas. Quando tentamos em demasia, existe sempre uma reação, e pode demorar para nos recuperarmos. "Tanto a ação como a inação podem caber em ti." [II. 130.] Como diz a *Gitā*: "Agindo você não age; abstendo-se de agir, você ainda age."

Não podemos agir sem criar *Karma*, sem perturbar o equilíbrio da nossa mente; podemos agir internamente com dedicação sincera, mesmo que externamente estejamos ocupados. Essa ação na inação – ou ação em um estado de meditação – é difícil de obter, mas quando a alcançamos, alcançamos praticamente todas as coisas. É o auge do *Yoga*.

Vamos agora olhar aquilo que o livro chama as "três vestes[25] da Senda" [II.140], ou seja, *Nirmānakāya*, *Sabhogakāya* e *Dharmakāya*.

Não é fácil saber o que são essas três vestes, mas elas são, claramente, as três condições para as quais o homem liberto pode passar. C.W. Leadbeater fornece algumas ideias sobre elas em *Talks on the Path of Occultism*, em seu próprio modo prático. Não há muito sobre a veste *Dharmakāya*, que é, de certa forma, a mais alta delas. O homem que a veste alcança o mais alto plano e se afasta tanto da humanidade que não pode mais auxiliá-la. "Os *Buddhas* perfeitos, que vestem a glória do *Dharmakāya*, já não podem ajudar a salvação humana (...). Sabe, ó principiante, que esta é a SENDA Aberta, o caminho para a felicidade egoísta, evitado pelos *Bodhisattvas* do 'Coração Secreto', os *Buddhas* da Compaixão." [II.142,143]

Aqui se faz uma distinção entre os *Buddhas* de Compaixão e os *Bodhissatvas*, que estão se qualificando para se tornarem *Buddhas*, com aqueles que tomam as vestes do *Dharmakāya*, que são os "*Buddhas* perfeitos". O último caminho é chamado de "caminho para a felicidade egoísta". É claro que não é realmente assim. Nada pode ser entendido literalmente, mesmo no *Livro dos Preceitos Áureos*. HPB está traduzindo de outra língua e, talvez, a formulação aqui não seja tão boa quanto deveria.

Então o Mestre salienta a importância da compaixão ou altruísmo: "Viver para beneficiar a humanidade é o primeiro passo.

25 *Kāya*, no Budismo, significa, literalmente, corpo. Representa um modo de manifestação da verdade ou de manifestação numa esfera da verdade, principalmente os três *Kāya* ou *trikaya*: o *Dharmakāya*, o *Sambhogakāya* e o *Nirmānakāya*. Os três *Kāya* contêm uma doutrina de como e por quais modos se dá a manifestação do Buddha. O *Dharmakāya* é a manifestação da verdade em forma absoluta, para além da necessidade de discriminação em conceitos. Representa a verdade que está além da forma e da ideia. Corresponde à mente de Buddha. *Sambhogakāya* é a manifestação da forma pura e perceptível aos grandes praticantes. Representa a verdade que é conhecida pela forma e pela ideia. Corresponde à fala de Buddha. *Nirmānakāya* é a mais concreta das manifestações, que adquire um corpo, aparecendo em benefício dos que são incapazes de perceber o *Sambhogakāya*. Compreende as experiências sensíveis que envolve os elementos – terra, ar, água, fogo, espaço – e as manifestações de formas compostas por esses elementos, como os objetos e seres da natureza e mesmo as pessoas. Corresponde ao corpo de Buddha. Fonte: Wikipédia. (Nota Ed. Bras.)

(...) Adotar a veste humilde do *Nirmānakāya* é privar-se da eterna felicidade para o ser, para auxiliar na salvação da humanidade." [II.144 e 145]

Kāya é uma veste, *Nirmāna* é aquilo que é criado pela vontade própria de alguém. Esses são seres, portanto, que colocam a veste humana por vontade própria. Para estarmos no mundo dos homens precisamos possuir certa forma. A vasta maioria da humanidade não escolhe nascer; sua forma nasce no útero de sua mãe. Mas o *Nirmānakāya*, sendo ele mesmo, em essência, sem forma, manifesta-se em uma forma de sua própria criação. Pode ser um corpo físico ou pode existir apenas nos planos superiores, mas ele se move entre os homens, na maior parte do tempo sem ser percebido por eles.

A massa da humanidade, movida pela Lei do *Karma* e colhendo os resultados de suas ações, percorre o caminho que serpenteia calmamente ao redor da colina e chega gradualmente ao cume. O segundo caminho leva ao mesmo cume, mas ele se ergue abruptamente e é, naturalmente, mais difícil de atravessar. Percorremos esse caminho pela nossa dedicação, nossa fidelidade ao objetivo que percebemos, e pela nossa devoção infalível ao objetivo e às práticas.

> Assim, a primeira Senda é a da LIBERTAÇÃO.
>
> Mas a Segunda Senda é a da RENÚNCIA; por isso é chamada a "Senda das Aflições". [II.182 e 183]
>
> Repara! A meta da bem-aventurança e a longa Senda das Aflições estão no extremo fim. Podes escolher uma ou outra, ó aspirante à Tristeza, através dos ciclos que hão de vir! [II.194]

Portanto, é dada a escolha para buscar a eterna felicidade – a meta é a libertação das angústias da vida – ou para trilhar a "Senda longa" – longa porque escolhemos permanecer com a humanidade e auxiliá-la em sua elevação, passo a passo e estágio a estágio. O homem que não esteja pleno com o espírito da compaixão pensará naturalmente na felicidade eterna para ele, na libertação da pressão e do peso deste mundo. Mas existem aqueles que não pensam tanto na libertação para si mesmos, mas no auxílio que podem dar aos demais, e esses escolhem permanecer com a humanidade lutadora.

> O *Bodhisattva* que ganhou a batalha, que tem o prêmio na palma da mão, exclama, na sua divina compaixão:
>
> "Por amor aos outros, abdico desta grande recompensa" – realiza a maior Renúncia. [II. 191 e 192]

É algo maravilhoso renunciar àquela felicidade que está ao seu alcance; existem realmente pessoas que desejam fazer isso. Eles são salvadores do mundo.

> Esta é a SENDA Secreta, escolhida pelos *Buddhas* de Perfeição, que sacrificaram o SER pelos seres mais fracos. [II.146]

Não sei por que este caminho é chamado de "Senda Secreta". Talvez seja porque essa Senda estivesse descrita apenas nos ensinamentos privados dados a uns poucos. Talvez fosse salientado que existia essa maravilhosa possibilidade de voltar ao mundo, já ultrapassado, mesmo em um estado de união com a divindade, a fim de ajudar todos os seres vivos.

Então o Mestre nos diz que, se nós sentimos que tudo isso nos é muito difícil, não devemos desanimar. Podemos auxiliar pessoas que sabem menos que nós. De fato, não devemos esperar por um conhecimento perfeito a fim de auxiliar os demais; devemos usar o conhecimento e as capacidades que acaso possuímos, do contrário podemos esperar pela eternidade e, nesse esperar, perder a possibilidade de alcançar o estado de ser um auxiliar perfeito.

O livro também diz: "Aquele que, apegado à existência, contudo se mostra paciente e submisso à Lei como uma delicada flor aos pés de Shākya-Thub-pa,[26] se torna um *Srotāpatti*[27] neste nascimento" [II.159]. Podemos estar apegados a muitas coisas na vida

---

[26] *Buddha Śākyamuni*. (Nota da Tradutora)

[27] Aquele que entrou na "corrente", isto é, a corrente ou a via que conduz ao *Nirvāna*. *Glossário Teosófico*, Editora Ground, 7ª edição. (Nota Ed. Bras.)

comum, mas se tivermos paciência, se aceitarmos a Lei — o verdadeiro ensinamento — e fizermos dessa aceitação uma oferta a ser depositada aos pés da corporificação da compaixão e sabedoria, o Buddha, teremos atingido uma corrente que nos levará diretamente para o oceano do *Nirvāna*. O *Nirvāna* está distante, mas, uma vez que entrarmos na corrente *nirvânica*, ela por fim nos levará até ele.

O Fragmento prossegue falando àqueles que pensam que a meta do não egoísmo, da renúncia e do sacrifício, colocada diante deles, é muito elevada, que dizem que tudo o que desejam é viver sua vida comum e aprender a fazer melhor.

> Mas, se a doutrina do coração for elevada demais para ti, se precisas te auxiliar a ti mesmo e receias oferecer auxílio aos outros — então, ó tu de coração tímido, acautela-te em tempo: contenta-te com a Lei da "Doutrina do Olho". Ainda tenha esperança. Pois se o "Caminho Secreto" não é acessível "hoje", "amanhã" estará ao teu alcance. [II.147]

Assim, não precisamos nos preocupar. Se sentirmos que não somos capazes de alcançar o critério aqui estabelecido, ainda podemos fazer o nosso melhor.

> Aprenda que não há esforço, por pequeno que seja — quer no bom sentido, quer no mau — que possa desvanecer-se no mundo das causas (...).
>
> Se não podes ser o Sol, sê então o humilde planeta. [II. 147 e155]

Podemos não estar aptos a derramar a luz como o sol que tudo doa e nada recebe, mas podemos, pelo menos, ser um planeta e refletir a luz que desce sobre nós.

> Dá luz e conforto ao cansado peregrino, e procura aquele que sabe ainda menos do que tu; que na sua infeliz desolação está faminto pelo pão da Sabedoria. [II. 158]

Há aqueles que sabem menos que nós, que gostariam de obter alguma iluminação, e é correto dividir com eles a pouca luz que possuímos.

Aponta o caminho – embora vagamente e perdido entre a multidão – como o faz a estrela da tarde àqueles que caminham pela escuridão. (...)

Sê humilde, se queres adquirir a Sabedoria.

Sê mais humilde ainda quando a tiveres adquirido. [II. 156,161,162]

Jamais seremos sábios se não formos humildes.

Bhagavad-Gitā

A *Bhagavad-Gitā* é um livro extremamente popular, reconhecido por todas as escolas de pensamento hindus, e uma autoridade de base para as suas doutrinas. Todas elas o aceitam, interpretando-o à sua própria maneira. É uma coleção de discursos em forma de versos atribuídos a Sri Krishna, a encarnação divina, ao seu amigo e discípulo Arjuna. *Gitā* significa "canção" ou "aquilo que é cantado" e *bhagavān* significa "o bem-aventurado". Assim, literalmente, a *Bhagavad-Gitā* é "a canção do bem-aventurado". "O bem-aventurado" é o *Logos*, que está no coração do homem e, ao mesmo tempo, é o Espírito Universal, a mais alta individualidade no Cosmo.

A melhor tradução dessa escritura, muito apreciada por cristãos assim como por hindus, é a feita pela Dra. Annie Besant. Em seu prefácio, ela explica que, embora o texto possa ter fundamento histórico, deve ser entendido simbolicamente como pertencendo àquele estágio no qual o discípulo, em meio ao conflito de seus deveres, é chamado a renunciar a todas as suas antigas associações e apegos.

Os acontecimentos da *Gitā*[28] se dão pouco antes da grande guerra entre dois clãs, compostos de pessoas parentes umas das outras. Quando a batalha está prestes a se iniciar, Arjuna, o principal guerreiro do lado da justiça, é tomado pela dúvida, piedade e

[28] A Canção do Senhor (*Bhagavad-Gitā*). (Nota Ed. Bras.)

desânimo, e falta-lhe a coragem para a batalha. Em ambos os lados estão parentes, amigos e professores eminentes e respeitados, e ele sente que a vitória será vã caso eles sejam mortos e o reino arruinado. Sri Krishna é o condutor do carro de Arjuna e não toma parte no conflito, pois, sendo um princípio divino no homem, ele orienta, mas não se envolve na ação dos mundos inferiores.

A *Bhagavad-Gitā* apresenta tanto uma filosofia quanto um sistema ético de acordo com essa filosofia. Ele cobre toda a extensão da manifestação e também fala sobre o não-Manifestado. Explica a relação entre Deus e o homem – Deus como o *Logos* e o homem cujo Eu é essencialmente o mesmo que o *Logos*. O homem é um ser altamente composto, mas a essência de sua natureza é puramente divina. A *Gitā* não oferece instruções ou determinações precisas, mas apresenta um código de ética e princípios de conduta relacionados à sua exposição do Cosmo e dos princípios e processos de evolução.

O homem combina em si tanto a natureza do espírito quanto a natureza da matéria. A *Gitā* descreve os meios pelos quais elas irão finalmente se integrar e levar o homem a atingir seu objetivo final, auxiliando-o a encontrar seu caminho para além das complicações do *Karma*, no qual sua vida está presa. Ela lida particularmente com os modos de ação, mas também ensina a importância da sabedora e da devoção. De fato, apresenta uma síntese das três Sendas.

Sri Krishna não é apenas uma divindade hindu, uma figura antropomórfica que pede para ser adorada. Ele fala de si mesmo como possuindo dois aspectos, o Manifestado, que é o *Logos*, e o Não-Manifestado, que é a base de tudo.

> Os destituídos de Razão pensam em Mim, o Não-Manifestado, como se Eu tivesse manifestação, desconhecendo Minha natureza suprema, imperecível, a mais esplêndida. [VII. 24]

Ele é a energia que periodicamente emerge a partir do Não-Manifestado e que a ele novamente retorna. É o *Logos*, que é o "Verbo que estava com Deus" e surgiu de Deus. "No princípio era o Verbo, e o Verbo estava com Deus, e o Verbo era Deus", como diz o

Evangelho de São João. Existe uma distinção entre "Deus" e o "Verbo". O Verbo é aquilo que é proferido ou expresso e possui certo significado ou pensamento que comunica. "Deus" é a Realidade que é a base para essa expressão e que se manifesta através do Verbo que profere. O Verbo está identificado com Deus "no princípio", surgiu dele e a ele retorna.

Porém, o Senhor também é o Não-Manifestado, o Absoluto. Como *Logos*, ele surge daquele estado absoluto – *Parabrahman* – e se manifesta de certa maneira, que é a expressão ou o Verbo. No fundo do Verbo está a ideação cósmica. É como o pensamento que surge na consciência: ele ali já existia em algum estado ou forma. Nada pode surgir que já não estivesse ali.

Vamos pensar na consciência como a entendemos. Primeiramente, há aquele estado no qual o pensamento pode existir como uma semente ou essência, em uma condição não manifesta. Depois, há aquele pensamento que é formado, que brota para a existência. Terceiro, há a expressão do pensamento em sons (certas formas de emissão de energia), que é o Verbo. Da mesma forma, existe o estado não manifestado, e há o surgimento da Sabedoria na forma de um Universo de ideação cósmica, e depois a enunciação ou expressão dessas Ideias através de formas particulares.

Assim, em algumas passagens, Sri Krishna fala de si mesmo como estando em um estado de relacionamento com o Não-Manifestado, de onde surgiu, e outras vezes, como possuindo tanto o aspecto manifestado quanto o Não-Manifestado. Em algumas partes, fala de si mesmo como a Fonte, a Origem de tudo que é manifestado, e como o Fim de tudo – aquele fim no qual toda a manifestação culmina, resolve-se ou funde-se em si mesma. Assim, Ele tanto é a Origem quanto o Fim.

Pense em um ponto de onde várias energias irradiam. Essas energias criam certas formas-pensamento em todo nível de manifestação, e, finalmente, toda essa vasta rede de manifestação retorna ao ponto do qual partiu.

O Senhor é a Origem e o Fim; Ele também é o meio, pois permeia todas as partes desse vasto e sempre mutante Universo. Dessa forma, tudo possui vida, está mudando, está em um estado de desenvolvimento. Ele habita todas as coisas que estão se desenvolvendo. Ele não apenas permeia todas essas coisas em um estado de separatividade. Há um relacionamento mais íntimo entre Ele e todas as coisas. Nessa mesa, diante de mim, existe alguma forma de vida. Será que a vida do Senhor existe totalmente dissociada da natureza da madeira, ou existe um relacionamento entre aquela vida divina e a madeira e suas diversas propriedades? De acordo com a *Bhagavad-Gitā*, há um relacionamento íntimo entre aquela onipresente e penetrante Vida Divina, e todas as coisas nas quais ela entra e através das quais ela se manifesta. Esse relacionamento é descrito como sendo de governança ou regência.

Essa Essência Divina, que está subjacente a tudo, de alguma forma governa e desenvolve cada forma individual. A governança pode estar apenas no começo ou pode estar bem estabelecida, mas existe uma gravitação de cada coisa específica, com suas propriedades particulares, em torno da Essência Espiritual, que é o próprio coração de suas existências. Assim como a maré responde à lua e é mantida por sua força, cada coisa é mantida pela Essência Divina. Esse relacionamento está em desenvolvimento, e finalmente termina em uma identificação da coisa externa com a essência interna. Isso ocorre naturalmente, porque aquilo que governa é a própria essência daquilo que é governado; não são diferentes em suas naturezas, mas fundamentalmente iguais.

Assim, Sri Krishna fala de si mesmo como a essência de cada coisa – de uma árvore, uma pedra, uma rocha, a Terra. Ele se denomina "Aquele [a natureza interna essencial, espiritual] que habita o coração de todos". E no coração do homem, a natureza daquele Princípio interno ou essência espiritual pode ser realizada.

Vejamos como essas verdades são colocadas na *Bhagavad-Gitā*. No oitavo discurso, Sri Krisha diz, em relação a *Parabrahman*, o Absoluto, a Realidade incorruptível:

> Esse Não-Manifestado se chama "o Indestrutível", denomina-se a Senda suprema. Aqueles que a alcançam não retornam. Essa é Minha morada suprema. [VIII. 21]

Embora seja sua morada, ele surge dela, pois ele é o *Logos* manifestado. Mas existe uma condição para a qual ele se retira, e essa é o Não-Manifestado, o indescritível, o supremo. Sobre ele, diz:

> (...) existe (...) outro não manifestado, eterno, que na destruição de todos os seres não é destruído. [VIII. 20]

Aqui ele fala de sua indestrutibilidade. Tudo, no fim, chega a uma dissolução; entretanto, ainda há algo que é autoexistente, que não nasceu nem foi criado, que existe em sua própria eternidade.

> Deves saber que AQUELE é indestrutível e impregna tudo isto. Nada pode produzir a destruição deste imperecível Uno. [II. 17]

Todos os seres têm fim, e se ainda há um estado que não pode findar, apenas podemos chamá-lo de não-existência, ou podemos dizer que é Existência Absoluta.

> O indestrutível, o supremo é o ETERNO; (...) a emanação que causa o nascimento dos seres se denomina Ação. [VIII. 3]

Essa é a ação primordial ou básica, que causa a vinda para a existência de inumeráveis seres, em cima e embaixo, tudo parte da condição não manifesta, indestrutível.

> Eu sou a origem do surgimento de todo o Universo, e de modo semelhante, o lugar de sua dissolução. [VII. 6]

Ou seja, o Universo surge de um ponto, o centro do círculo, o *Logos*, e depois é dissolvido. Existe um ciclo periódico de manifestação, uma partida e um retorno, um surgimento para a manifestação e um decaimento para a não-manifestação, a evolução do relativo a partir do Absoluto, a expansão do círculo a partir do centro, o surgimento de formas a partir daquilo que não tem forma. O *Logos*, então, surge daquele estado indescritível, não manifestado, incompreensível.

> Pois Eu sou a morada do ETERNO, e do indestrutível néctar da imortalidade, da retidão imemorial e da bem-aventurança infinita. [XIV. 27]

Anteriormente, ele disse que o Eterno era sua morada, agora parece haver uma relação invertida. Podemos dizer que o corpo é o veículo da alma. Nesse sentido, era possível para ele dizer: eu sou a morada do Eterno. Ou pode ser que, ao se identificar com o Eterno, ele diga: eu sou aquela morada que é o Eterno.

Sri Krishna cita alguns de seus atributos, que se referem, evidentemente, àquilo que é manifestado, pois ele não pode falar dos "atributos" do Absoluto. Se existissem atributos, não seria mais o Absoluto. Assim, ele fala de si como:

> (...) o Antigo, (...) o Onigovernante, o mais diminuto do diminuto, o sustentador de todos, de forma inimaginável, refulgente como o sol além da escuridão. [VIII. 9]

"O Antigo" implica que ele existe desde o princípio até o fim; que ele é o processo de desenrolar e dobrar. Ele é o "Onigovernante", uma vez que governa internamente através de uma afinidade com a natureza, embora também possamos considerar como significando que ele governa através das leis que existem no Universo. Ele é o "diminuto do diminuto" porque também é sutil; quando ele está fora do espaço e do tempo ele é zero – não-número. Ele é o "sustentador de todos", porque, sem essa força espiritual, o material não existiria. Ele é "de forma inimaginável", porque, na condição manifesta, sua forma original é inconcebível; é aquela forma cósmica algumas vezes descrita como o Homem Celeste.

Em toda partícula de matéria existem forças de poder estupendo. Sabemos que no interior de cada átomo se escondem forças capazes de destruição inacreditável. Não poderia existir em algum nível tal radiação de luz que transcende a imaginação, e que decresce gradualmente à medida que entramos em estados de existência mais condicionados?

O verso termina com a frase "além da escuridão". A luz é limitada por formas de densidade crescente. "Luz" não significa, necessariamente, a luz física com a qual estamos familiarizados. Pode ser alguma outra coisa que, no campo da consciência, apenas possa ser descrita como luz. Assim, ao entrarmos em contato com essa realidade em algum lugar, ao despertar pensamos nela com a consciência do cérebro físico, e só podemos entendê-la como a luz de um milhão de sóis. No entanto, não devemos considerar uma luz externa elevada à milionésima potência.

> Um o considera maravilhoso; outro fala sobre ele como maravilhoso; como maravilhoso outro ouve falar sobre ele; embora tendo ouvido, ninguém em verdade o compreende. [II. 29]

Aquele que tem a capacidade para ouvir, ouve; todavia, "ninguém em verdade o compreende". Isso é porque estamos a uma grande distância do Derradeiro; estamos a uma boa distância até mesmo das estrelas que, por conta dessa distância, nos parecem tão pequenas; estamos a uma boa distância da Fonte – do Ponto do qual partimos. Não podemos compreender essas coisas que estão tão longínquas. Podemos, como São Paulo, enxergar apenas um reflexo obscuro.

Em algumas passagens da *Bhagavad-Gitā*, Sri Krishna se identifica com o Não-Manifestado, o Absoluto, e, noutras, com o *Logos* que emana do Absoluto. À medida que emana do Absoluto, ele emana todas as coisas, ou inaugura todo o complicado processo cósmico; nesse sentido, ele é o Espírito universal que permeia todas as diferenciações da matéria.

O *Logos* não é algum lugar fora do Universo; ele é uno com o Universo. Sri Krishna, como *Logos* manifestado, é o Filho visível que reina sobre um império, e é um com o Pai, o Absoluto, o Não-Manifestado, aquilo que está Além e com o qual o Filho é eternamente Uno. Em *A Doutrina Secreta*, HPB nos diz que o *Logos*, em seu estado não manifestado, é chamado de Filho; o *Logos* que é um com o Absoluto e "por ninguém visto" é o Pai. Ela também fala do Universo como sendo o Filho; quer dizer, o *Logos* é identificado com o Universo que ele anima. Sri Krishna proclama essa verdade nessas bem conhecidas palavras:

> Havendo impregnado todo esse Universo com um único fragmento de Mim mesmo, Eu permaneço. [X. 42]

Ao animar uma variedade de formas no Universo, ele não exaure sua natureza, pois sempre há muito mais dela para ser manifestada. O que se manifesta em uma forma particular, ou em toda uma coleção de formas que constituem o Universo, é apenas uma porção, pois ele é o Oceano Infinito do qual todas as formas vivas não passam de gotas. Entretanto, do nosso ponto de vista, o Universo pode ser ilimitado e infinito, mas nem ele nem toda infinidade de universos podem exaurir aquela Vida ilimitável.

A palavra "impregnar" indica que a vida do *Logos* está em cada átomo, em cada elétron, em cada substância e ser individual. Ainda assim, tendo se manifestado em cada forma (e através de cada forma de uma maneira diferente, dentro do que essa forma permite), ele permanece como uma Entidade indistinguível, como uma Fonte inexaurível e inesgotável. Ele está tanto aqui como lá.

Essa frase é realmente uma declaração da imanência de Deus. Quando a palavra "Deus" é usada, devemos compreender o seu significado dentro de um contexto particular. Toda pessoa possui seu próprio conceito dessa Verdade, Princípio, Vida, a qual aplica o termo "Deus".

Eu disse que é preciso fazer uma distinção entre Deus, a origem de tudo, e o Verbo ou *Logos*, que é a expressão de Deus. Algumas pessoas podem se opor à palavra "expressão", porque dizem que o Absoluto não pode ser "expresso" no relativo. Mas é possível argumentar que aquilo que sabemos sobre a natureza do Absoluto é apenas através da forma, que é, necessariamente, relativa.

Nós conhecemos o relativo, e sabemos que quando falamos de alguma coisa há uma negação, uma ausência, um oposto a essa coisa. Assim, existe branco e não branco, que é preto; bom e não bom, que é mau; relativo e não relativo, que tem de ser absoluto.

A melhor atitude a se ter com relação a essas questões altamente abstrusas é encará-las de diferentes pontos de vista, descobrir por si mesmo se há alguma razão para explicá-las de certa forma, e deixar como está, não chegando a conclusão nenhuma. Qualquer coisa que esteja além do escopo da nossa experiência ou percepção leva à especulação, e quando há especulação, haverá, necessariamente, diferentes pontos de vista. Não percebemos o todo, mas apenas o que a nossa capacidade de percepção permite. Vemos do ponto de vista que adotamos, ou o que um órgão de percepção particular permite que compreendamos. Ainda falando de forma geral, podemos dizer que todos nós percebemos a mesma coisa. Mas, quando especulamos, nós o fazemos de acordo com a inclinação de nossas mentes, de acordo com a maneira com a qual nossas mentes foram educadas e condicionadas.

No discurso XV, verso 18, Sri Krishna diz:

> Posto que supero o destrutível, e sou também mais excelente do que o indestrutível, no mundo e nos *Vedas* sou proclamado o Espírito Supremo.

Em outras palavras, ele afirma sua transcendência das formas com as quais se identifica, ou nas quais penetra.

Em outro verso, fala de si da seguinte forma:

> Uma porção do Meu próprio SER, transformada no mundo da vida em um Espírito Imortal, faz girar ao redor de si os sentidos, dos quais a mente é o sexto, velada na matéria. [XV. 7]

O que aqui é descrito de forma muito iluminada, é um ser humano que é um Espírito vivo. Nele, Vida ou Espírito não é uma abstração ou um Sopro sem forma; é uma consciência viva, capaz de experiência e ação. É uma porção eterna do Logos transformada no mundo de vida em tal Espírito.

Dois conceitos estão envolvidos no uso da palavra "Espírito". Primeiro, que está vivo e, portanto, age. Existe consciência, e é um centro de energias coordenadas, possui certo impulso. Segundo, a palavra "Espírito" implica a verdade ou beleza que aquela Vida e seus processos trazem para a manifestação.

Não é suficiente estar apenas vivendo e ativo. Há algo a ser manifestado, a ser expresso através da consciência. Há certa natureza divina – a natureza do *Logos* – que é manifestada através dos processos dos quais o Onipresente, o Espírito individualizado, é o centro. O Espírito Supremo, portanto, é Um, mas parece se multiplicar através de diferentes formas em um modo particular. Em cada forma há uma manifestação única, que não é fixa ou imutável. Toda forma usada por esse Espírito Universal está crescendo e evoluindo e, à medida que evolui, mais da luz, do poder e da beleza daquele Espírito Universal único se revela ou se manifesta.

Quando compreendemos firmemente a verdade do processo evolucionário que a ciência ensina, sabemos que existe um aumento de Vida e de Luz; há algo que brilha "cada vez mais até à plena claridade do dia". Existe um velamento do Espírito Supremo, e este Espírito Supremo está em toda parte; não há apenas um Centro, mas uma infinidade de centros de ação. Porém, embora exista uma infinidade de centros, onde os raios da luz são reunidos e através dos quais ela reluz, ainda há uma infinidade além daquilo que não se exaure pelo processo dessa concentração e radiância.

No verso XIII. 18, Sri Krishna diz: "AQUELE, a Luz de todas as luzes, diz-se que está além da escuridão."

A escuridão é devida ao velamento do Espírito. Em um sentido, existe luz em toda parte porque existe Vida em toda parte. Portanto, existe alguma luz em cada trabalho da criação e em cada forma, por mais primitiva que seja. Entretanto, por causa da ocultação do Espírito, a escuridão envolve a Luz; de fato, existe mais escuridão que Luz. Mas existe aquela Luz de todas as luzes, o aspecto transcendental, revelado, ilimitado, que está além da escuridão; não é uma luz oculta sob uma forma, mas uma luz que permeia os céus abertos.

De acordo com a filosofia indiana, a natureza do Ser Supremo é bem-aventurança. Sua natureza é tríplice. Um de seus aspectos é Existência, Vida, Verdade; outro é Consciência e Conhecimento; e o terceiro é Bem-Aventurança. Apenas o que pode ser unido ao Princípio Supremo – o eterno, o atemporal – pode desfrutar de imortalidade; tudo o mais, por ser complexo, é mortal.

Podemos propor várias teorias sobre o *Logos*, mas são apenas teorias. Só compreenderemos sua verdade quando entrarmos em contato direto com ele, ou ela, ou isso, como quisermos chamar. O *Logos* é a expressão do Pensamento Divino, a Voz mencionada em *Luz no Caminho* – "a voz que fala onde não há ninguém para falar". É a "doce voz", a melodia no coração de cada indivíduo.

Na *Bhagavad-Gitā*, Sri Krishna é considerado uma encarnação perfeita da Segunda Pessoa da Divindade. Ele diz a Arjuna: "Muitos nascimentos foram deixados para trás por Mim e por ti, Oh Arjuna. Eu os conheço todos, mas tu não conheces os teus." [IV.5.] Isso parece sugerir que ele é de alguma forma divino e, não obstante, também humano. Ele é, por assim dizer, a humanidade influenciada ou inspirada pelo *Logos*. Se não conseguirmos entender isso, não devemos nos preocupar, devemos compreender que essas são questões nas quais é difícil saber a verdade, mas podemos ponderar sobre elas como Maria, que "guardava todas essas coisas e sobre elas refletia em seu coração" [Lucas II:19].

Arjuna é, na verdade, a Mônada humana – uso o termo no sentido em que H.P. Blavatsky o usa. Ele não é a Mônada Divina porque se encontra em um estado de dúvida e confusão. Na literatura teosófica é feita uma distinção entre a Mônada Divina e a humana, mas elas são essencialmente a mesma coisa. A Mônada humana é a consciência pura e simples, um filamento, por assim dizer, que desce do mais alto nível espiritual, da própria Mônada Divina. É o espírito que revela a Mônada – o *Logos* – que se encontra no interior do homem, e no qual a individualidade humana aperfeiçoada está desperta. A Mônada Divina é aquele princípio transcendente que é cada homem, e como um dia ele percebe ser. É um aspecto do *Logos* e é um com ele.

Sri Krishna se identifica com o *Ātman*, o Espírito Universal Único, que é também o único eu verdadeiro no homem. Pois cada um de nós é mais do que o "eu" com o qual nos identificamos. Somos, em essência, um com todos. O *Ātman* é universal e onipresente, e, portanto, existe em todo objeto na Natureza. Atua como se fosse muitos, mas é essencialmente um; é tanto o um quanto o muitos, universal e individual.

O *Ātman* não é diferente do *Logos*; esses termos são usados com relação aos dois aspectos da Verdade. Krishna é o *Logos* em manifestação. Além dele está o Não-Manifestado, *Parabrahman*, geralmente traduzido como "Realidade". Também possui o significado de "aquilo que dá causa ao crescimento e à expansão". *Parabrahman* é o Não-Manifestado, o Um sem segundo, onde não há separatividade.

Eu sou o conhecedor, eu estou consciente de algo que é o objeto do meu conhecimento. Mas, quando não há objeto além do conhecedor, não existe "eu"; existe unidade. Na unidade não pode haver um "eu" e um "outro": são ambos. É tanto o centro – o Espírito, o *Ātman* que a tudo inspira – quanto a circunferência. Ou seja, engloba todos os pontos de manifestação, a natureza de cada indivíduo em todo o Universo, seja uma árvore, uma pedra ou um homem. É o absoluto no qual não há distinção entre espírito e matéria.

Sri Krishna diz que esse Não-Manifestado, esse Absoluto, esse *Parabrahman*, é a sua "morada suprema", pois dele deriva o *Logos*. De acordo com HPB, o *Logos* que é *Parabrahman* é o Primeiro *Logos*, e o *Logos* que se manifesta é o Segundo *Logos*. Portanto, existem dois Uns – um como *Parabrahman* e outro que é uno com aquele Absoluto, o Além, o Incompreensível, e que está em tudo aquilo que existe.[29]

---

29 "Ex", as duas primeiras letras de "existe" indicam algo surgido do interior para o exterior (ex-istência), de forma a poder ser reconhecido objetivamente. (Nota da ed. inglesa.)

Sri Krishna é o condutor da carruagem e um arqueiro perito no uso do arco e da flexa. A Mônada humana precisa lutar suas próprias batalhas, mas o *Logos* interno, que é a Mônada divina, pode instruí-la e guiá-la, desde que ela esteja aberta a essas instruções.

A palavra *Krishna* deriva de *krish*, que significa puxar, atrair. Portanto, é esse aspecto ou natureza do Divino que atrai a individualidade ou Mônada humana. Existe essa enorme atração vinda do interior, mas precisamos entrar em seu círculo. Enquanto o ser humano estiver limitado por forças que o mantêm na Terra, ele não terá entrado no círculo de atração de seu sol figurativo. Existe certo ponto que divide a esfera da atração terrestre da atração solar, e, se passarmos além desse ponto, ficaremos irresistível e progressivamente mais atraídos pela última.

A natureza suprema é "imperecível" porque *Parabrahman* é eterno. O *Logos*, entretanto, não é imperecível. Ele é periódico em sua manifestação; ele se manifesta e volta à não manifestação. O Não-Manifestado – "o Indestrutível" – é a "Morada Suprema". É de lá que ele emerge a fim de trazer o Universo para a existência. "O indestrutível, o supremo é o ETERNO." [VIII. 3]

"A emanação que causa o nascimento dos seres se denomina Ação." Do ponto de vista do *Logos*, ação é o trazer à existência todas as coisas que constituem o Universo. "Eu sou a origem do surgimento do Universo, e, de modo semelhante, o lugar de sua dissolução." Isso quer dizer que ele é o começo e o fim, o ponto central do qual o círculo de existência se expande para incluir cada vez mais pontos; e, ao mesmo tempo, o círculo que se contrai e se dissolve por completo no centro.

Não somos capazes de conceber ou imaginar o desconhecido que se encontra além. Tudo que podemos fazer é nos prepararmos, aumentando nossa compreensão e percepção. O desconhecido pode vir até nós, mas não podemos ir ao desconhecido com nossas mentes; podemos apenas nos tornar puros, de forma a atraí-lo. Então ele virá até nós por conta própria; não pode ser forçado, e nem pode, quando chega a nós, ser perceptível por qualquer ação externa.

> Em verdade, a Energia suprema é Outra, declara como o Ser Supremo, que, penetrando tudo, sustenta os três mundos: o Senhor indestrutível. [XV. 17]

O Ser Supremo é transcendente no mais alto nível. O espírito humano é "uma porção do Meu próprio SER, transformada no mundo da vida em um Espírito imortal" [XV. 7]. É o espírito vivo, o *Jīva* oculto no corpo ou veste dos sentidos, que são os cinco meios de cognição, sendo a mente o sexto, que os sintetiza, interpreta e compreende.

Os sentidos estão, é claro, no campo da matéria. A mente também está no campo da matéria, e, assim, é tanto material quanto espiritual. *Manas* pode ser puramente espiritual, mas, quando usamos nossa mente, quando ela se torna ativa, necessita de uma base material, algo fora de si mesma.

"Todo este mundo está impregnado por Mim em Meu aspecto não manifestado; todos os seres têm a raiz em Mim, mas Eu não estou enraizado neles." [IX.4.] Em outro verso, Sri Krishna diz: "Conhece-me (...) como a semente eterna de todos os seres." [VI.10.] Como Semente Única, ele se torna várias e diferentes espécies de seres, pois existe algo em sua natureza a partir do qual cada ser produz segundo sua própria espécie. Ele é a Semente Única e, de alguma forma misteriosa, produz seres individuais de diferentes tipos e naturezas. Cada indivíduo é uma espécie de espírito universal, vago, intangível; contudo, tem sua própria natureza e caráter derivados Dele. Ele é a própria essência da Natureza, e um composto de essências de cada ser individual. Em *A Doutrina Secreta*, HPB nos diz que a Essência Única é uma combinação de essências.

Sri Krishna diz: "Eu sou o Pai deste Universo, a Mãe, o Sustentador, (...) a Origem, a Dissolução, o Alicerce, a Casa do Tesouro, a Semente imperecível." [IX. 17 e 18] Mas, embora ele se manifeste em cada ser, o faz de uma forma muito especial, e as manifestações são diferentes umas das outras; água é água, uma árvore é uma árvore, e assim por diante. "Indiviso entre os Seres, porém neles estabelecido compartilhadamente." A essência ou espírito universal é a "unidade indivisa".

Outra metáfora é utilizada. Ele não é apenas a semente da qual brota todo tipo de individualidade; "assim como o Sol único ilumina toda a Terra, assim o Senhor do Campo ilumina todo o Campo" [XIII.34]. O "Campo" é o campo da matéria, consciência, espaço, o todo do Universo. Assim como o sol encontra seu reflexo em todo lago, poço, e em todo lençol d'água, Ele, que é o senhor de tudo, "ilumina todo o Campo". Essa luz, derramando-se em cada objeto, revela a sua natureza. Sem luz não haveria distinção entre uma coisa e outra; é a luz que traz cada ser, em sua própria e distinta natureza, para a existência.

"Também não há nada, em movimento ou imóvel, que possa existir sem mim." Ou seja, tudo procede do *Logos* único e a ele retorna. "Sob Minha Supervisão, a natureza produz o móvel e o imóvel; devido a isso (...) o Universo gira." [IX.10.] Estabelecido no interior de cada ser, ele governa de alguma forma os processos que ali ocorrem, não apenas físicos, mas em uma extensão mais interna, nos reinos sutis, por toda a sua existência e em todas as ações. Nós apenas percebemos a aparência – a cobertura sólida das coisas. Uma pedra, por exemplo, parece ser sólida, mas a ciência nos diz que ela é composta, em sua maior parte, por espaços vazios; é feita de um núcleo e de todo um enorme sistema de forças. Por trás de sua natureza psíquica, e além de seu substrato espiritual – o substrato ali se encontra no processo pelo qual a pedra manifesta sua natureza. Tudo isso é realmente indescritível; podemos apenas formar algumas ideias imperfeitas em nosso nível superficial.

Observando as coisas a partir do exterior, falamos da manifestação como se a estivéssemos observando à distância, por assim dizer. Mas, do ponto de vista da vida que está representada pelo *Logos*, é uma emissão a partir do centro. Essa emissão é, na verdade, o desenvolvimento do Universo, mas, uma vez que o *Logos* é um com o Universo, podemos dizer que o Universo é a sua manifestação. Aquilo que é manifestado está identificado com a origem de onde partiu, mas a própria origem não se exaure. Toda forma de vida sempre possui um determinado aspecto de transcendência, mas o *Logos*, que é o Ser Eterno, a origem de tudo, permanece supremo. O Espírito Supremo não é absorvido por seu Universo, embora esteja oculto nas inúmeras substâncias, formas e entidades que o compõe.

Portanto, o *Logos* é imanente no Universo. Esse é o mistério daquela unidade que habita a diversidade e da qual cada diversidade surge, por um processo que podemos chamar apenas de ilusão, porque a unidade é o real. Ele indica a natureza de sua imanência – como ele está presente em todas as coisas.

> Eu sou o sabor das águas (...), o esplendor da Lua e do Sol, Eu sou a Palavra de Poder em todos os *Vedas*, (...) a virilidade dos homens. [VII. 8]

Ele está ali, na natureza indistinta de um ser, na essência de sua existência. Ele "se partiu" nessa diversidade de essências que é a raiz de toda a individualidade. Embora Ele esteja, por assim dizer, "distribuído" em coisas, permanece indiviso.

> Indiviso entre os Seres, porém neles estabelecido compartilhadamente. [XIII. 17]

Trata-se, é claro, de um mistério que não pode ser explicado, porque todas as explicações são invenções da mente e direcionadas para a mente. A mente sempre define, sempre separa, e todo conceito que ela forma é limitado. Existem certas verdades, portanto, que não podem ser alcançadas pela mente. Mas não seremos capazes de entender a imanência enquanto não atingirmos um estado no qual nossas percepções não forem de uma ordem diferente das nossas condições atuais. O *Logos*, embora pareça dividido como o corpo de Osíris da lenda egípcia, permanece um. A distribuição entre coisas e seres do Universo é uma imensa ilusão; Ele mesmo é indiviso e indestrutível, pois é sem forma. Esse princípio sem forma, do qual tudo na verdade é, de alguma maneira, uma criação ou uma manifestação, é tanto o fim quanto o início de todas as coisas. O fim é uma recomposição de Si mesmo da condição de distribuição ou divisão na qual entrou. E, embora Ele esteja em tudo, não está por tudo limitado, mantendo sua liberdade. Tudo isso ocorre, de acordo com a *Bhagavad-Gitā*, através do poder do Ser Supremo.

A manifestação ocorre por Sua própria vontade, não por uma compulsão. Essa é uma visão. Existe outra, que sustenta que a lei eterna à qual o próprio *Logos* está sujeito faz com que Ele emane e retroceda. Isso parece uma espécie de compulsão à qual todos estão sujeitos, mas pode ser que, não havendo diferença entre o Ser e a Lei, não seja uma compulsão. Seria, na verdade, a Lei do próprio Ser.

Ele, o onipresente, existe em todas as coisas, a tudo permeia, está estabelecido como uma Presença invisível nos corações de todos, como seu mantenedor e governante. Quando falamos dessas coisas, precisamos usar símiles ou metáforas pelas quais a verdade é sugerida à mente intuitiva. Ou pode ser transmitida diretamente de um para outro sem palavras, devido à autoidentidade existente entre nós em virtude de uma união de corações.

Então Sri Krishna fala do jogo universal no qual tudo é efêmero, existindo por um piscar de olhos ou menos, antes de mudar de forma. Somente o tempo prolonga cada processo. Essa ilusão da mente, que é difícil de compreender, é causada pelos atributos da matéria, que são *sattva*, *rajas*, *tamas*, ou ritmo, mobilidade, inércia.

"Aqueles que vêm a Mim atravessam esta ilusão." Isso quer dizer que atravessam o plano fenomenal e vão além dos enganos que ocultam a verdade.

A *Gitā* tem muito a dizer sobre a relação do *Logos* com os diversos seres, o relacionamento quando o ser está inconsciente da existência do onipresente Princípio Supremo em seu interior e o relacionamento que nasce quando ele começa a ter consciência de Sua presença. Há descrições dos caminhos pelos quais se alcança a reunião entre o ser individualizado e a Origem interna.

O homem precisa suportar as mudanças da condição material na qual ele se encontra; precisa suportar os contatos com a matéria, o calor e o frio, o prazer e a dor, e precisa transcendê-los. Dessa forma, ele alcança a liberdade de sua escravidão à matéria e às condições materiais. Isso não é obtido se retirando da ação. Pelo contrário, é uma continuação da ação, mas de modo diferente e com um efeito diferente. Existem versos que falam do relacionamento com todos os seres, o que é alcançado pelo homem que se une à sua origem, cuja orientação é toda voltada para o Ser Supremo que habita todas as coisas.

Krishna fala de si como o supremo *Purusha* ou Espírito. O todo da Natureza, incluindo os mundos físico, astral e mental – tudo que se expande no espaço e tempo e toda energia pertencente a esses mundos – é *Prakriti* ou matéria. Esses dois – *Purusha* e *Prakriti* – se complementam. *Purusha* é aquilo que é incondicionado, sem espaço, sem tempo. É o Espírito em pura subjetividade; é absoluto, abstrato, e, no entanto, é Real. *Prakriti* é toda substância, toda matéria, toda Natureza, tudo que é objetivo. E *Prakriti* existe eternamente com *Purusha*; são como os polos negativos e positivos da eletricidade – não podemos ter um sem o outro. O próton da ciência é eletricidade positiva, e o elétron, negativa; ambos são igualmente formas de energia. Se há um próton há de haver um polo complementar, pois um existe juntamente com o outro, cada um representando um aspecto diferente da mesma realidade.

Dizer que não existe matéria sem Espírito significa dizer que existe um lado espiritual para toda coisa material. O objeto material não é apenas a aparência pela qual o reconhecemos; existe algo mais por trás da aparência, que possui uma natureza diferente e produz mudanças na própria substância da sua forma.

Também no homem, como em tudo o mais, existe *Purusha* e *Prakriti*, Espírito e matéria. Ele é a única entidade capaz de distinguir entre ambos (muito embora sempre atuem em conjunto) porque possui uma consciência evoluída através da qual pode ver os dois aspectos separadamente. O sábio, com uma boa discriminação, pode compreender o que está ocorrendo em sua própria natureza e, é claro, pode ver o que está acontecendo fora dele. Ele também pode se afastar daquilo que observa exteriormente — o mundo, seu corpo, sua mente — e permanecer inalterado.

Somos conscientes dos vários movimentos dentro de nosso corpo e dentro daquilo que chamamos de mente. Logo que dizemos "esta é minha mente", fica subtendido que existe algo separado dela, além dela. Mas, quando a consciência é separada do corpo e da mente, ela deixa de atuar? Esse é o ponto altamente filosófico discutido por Sri Krishna. É a essência dos ensinamentos da *Bhagavad-Gitā*.

A pessoa que se afasta das coisas às quais esteve ligada anteriormente age, mas sem apego ou desejo, e sem o egoísmo que nasce do desejo. O que tem a ver o "eu" com o desejo, com a gratificação, com a indulgência? Quando dizemos "eu quero", o "eu" é o sujeito, e "quero", o predicado. É por causa do "quero" que o sentido de "eu" como sujeito, como entidade separada, surge. Quando o "quero" desaparece, o "eu" desaparece com ele.

Muitas coisas precisam ser compreendidas com relação ao Espírito. Por exemplo, ele entra numa forma material que limita suas ações. Quando entra, o que ele faz? Outras coisas, outros estados e condições, outros elementos se manifestam ao mesmo tempo?

Espírito e matéria atuam juntos. Quando há uma modificação no estado daquela energia penetrante que é o Espírito, há também uma modificação na natureza da matéria. Em outras palavras, a condição do Espírito — se podemos falar em "condição" — está sempre relacionada com a natureza, a qualidade, o potencial, o refinamento da matéria na qual está condicionado. É sempre uma ação dupla. Toda manifestação ocorre através da interação dos dois princípios ou polos de Espírito e matéria. Interação significa que há uma espécie de mudança produzida de cada centro; algum tipo de movimento ocorre de ambos os lados.

Ao dizer "ambos os lados", não devemos pensar de forma espacial; é apenas uma condição, como a eletricidade positiva e negativa. Assim, em um estado de polarização, existe apenas certo relacionamento entre o Espírito e a matéria. Uma vez que o Espírito é intangível, imaterial e sutil, não podemos localizá-lo; todavia, dizemos: "Aqui é Espírito, ali é matéria." Tudo o que podemos perceber é matéria, mas existe um centro invisível que é o outro polo, e o relacionamento entre o polo material e o espiritual está mudando constantemente. Existe ação no polo material, o que possivelmente pode ser localizado em algum lugar no núcleo de um ser vivente — talvez em algum ponto do *núcleon*.[30] Mas também existe aquele polo espiritual que não pode ser localizado exceto em nossa imaginação. E todo o tempo existe ação entre os dois polos, há um movimento de ambos os lados.

Esses dois movimentos são geralmente chamados de centrífugo e centrípeto. Centrífugo significando "fluir a partir do centro" — e a ação do polo espiritual é centrífuga. A ação do polo material é em direção ao centro, sendo, portanto, centrípeta. Mas ambos os movimentos são absolutamente coordenados, embora não possamos traçar de maneira alguma o movimento espiritual, apenas perceber o material.

Quando há ação nesses dois centros, alguns estados ou condições aparecem; eles se juntam uns aos outros e são, por assim dizer, unidos entre si. Podemos chamá-los de diferentes condições da matéria, diferentes condições da consciência ou da possibilidade de consciência. Os dois atuam juntos, mas, do ponto de vista do espírito, existe certa ordem de manifestação. Esse é o motivo pelo

---

30 Em física, *núcleon* é um próton ou um nêutron. Os *núcleons* compõem o núcleo atômico. (Nota da Tradutora.)

qual se diz que primeiro havia o *Ākāsha* (matéria na sua condição primordial), manifestado e impregnado com a energia do Espírito. Se pensarmos na Matéria-Raiz – o princípio da Matéria – como o número um, então o *Ākāsha* é o número dois. Em outras palavras, *Ākāsha*, o primeiro em manifestação, é aquela expansão ilimitada da matéria homogênea impregnada ou irradiada com a energia do Espírito, energia que se divide em inumeráveis raios.

O Espírito é sem forma; o mundo, incluindo os mundos invisíveis, constitui toda a matéria diferenciada. Algumas vezes, em sânscrito, as palavras "Isto" e "Aquilo" são usadas. "Isto" significa o mundo, o manifesto, o Universo, tudo o que nos é objetivo. "Aquilo" é tudo o que não é Isto. É o que não percebemos, o que está além, o que é transcendental; o que quer que esteja fora de Isto é Aquilo.

"Todos os seres têm a raiz em Mim." Pense em qualquer forma particular; a própria raiz de sua existência, a fonte de toda energia que se apresenta em suas atividades, tudo isso está Nele; tudo o que possui forma tem sua raiz no Sem Forma.

"Mas Eu não estou enraizado neles." Embora o Espírito entre em uma forma, não está limitado a ela. É a consciência que fica amarrada, por estar apegada e limitada pela condição física, astral e mental na qual existe. Em sua ignorância, a consciência pensa ser o corpo, com ele se identificando e sendo condicionada e limitada pelas capacidades físicas. Assim, de muitas maneiras, a consciência não é livre e ativa, embora seja possível para ela transcender essas limitações. Mas o Espírito, do qual a consciência emana, é livre, não está enraizado nesses corpos. Em tudo, em toda parte, existe uma porção do Espírito que anima e usa a forma. Esse relacionamento deixa o Espírito livre, embora a consciência que a ele pertence fique limitada por se identificar com a forma.

Em outra parte (VII.10), quando Sri Krishna diz: "Conhece-Me (...) como a semente eterna de todos os seres", "seres" se refere às diferentes substâncias e reinos na Natureza. Não existe nada que seja desprovido de vida e, portanto, toda substância é um ser. Esses seres são diferentes entre si, mas Krishna é "a semente eterna" de todos eles. Existem inumeráveis árvores, cada uma sustentando seus próprios frutos, suas próprias flores, produzindo sua própria fragrância, cada uma com sua forma particular e sua própria beleza; contudo, todas elas brotam da mesma semente. Krishna é a "Semente eterna"; entretanto, cada ser é diferente do outro. A manifestação do Espírito, que é multiforme, dá origem à qualidade ou natureza essencial de cada coisa em particular.

Não há nada que esteja manifestado que não possa ser traçado à Origem, que é Um. O Um torna-se os muitos – assim, o que quer que encontremos no Universo externo estava presente desde o início, não da forma como é conhecida por nós, mas potencialmente ali, naquele Centro original. Assim sendo, se percebemos que a água possui certa qualidade brilhante, líquida, essa é a qualidade que estava presente na Origem a partir da qual a água foi composta. A água é um desenvolvimento do processo de expansão a partir do ponto ou Centro; veio à existência no processo de manifestação cósmica, e possui sua origem naquele Centro.

> Diz-se que os sentidos são grandes; maior que os sentidos é a mente; maior que a mente é a Razão; porém o que é maior do que a Razão é ELE. [III. 42]

"Maior que a mente é *Buddhi.*" A Dra. Besant o traduz como Razão, mas não é a razão como se usa normalmente; é algo além. *Buddhi* também já foi traduzido como o conhecimento intuitivo, mas também está além disso. É a Razão pura e, também, a faculdade de conhecimento intuitivo.

A *Gitā* diz que os sentidos são "grandes", portanto estão em seu lugar, que é a periferia. Mas no centro dos sentidos está a mente, que os regula, corrige suas impressões, sintetiza-os; sem a mente, os sentidos não poderiam fornecer um quadro coerente do Universo. Acima e além da mente está *Buddhi*, e além de *Buddhi* está o Espírito, o *Ātman*, o *Logos*.

Embora cada forma possua uma qualidade distinta própria, e seja uma porção do Espírito que habita aquela forma, o Espírito não está dividido entre as formas, pois, sendo Um, é indivisível. Dizemos "porção" simplesmente porque temos de transmitir de alguma forma a ideia de que ele está enraizado em todas as coisas. Muito embora cada ser pareça possuir uma vida própria, o Espírito Imortal nele habita e fornece aquela qualidade particular que pertence somente a ele, fazendo-o diferente dos outros seres. A unidade trabalha através de todas as coisas, produzindo diferentes efeitos; a diversidade não destrói a unidade, nem a unidade se perde na diversidade. Não podemos dizer "havia Um e agora Ele se tornou muitos, e o Um não existe mais".

Vamos observar isso do ponto de vista do tempo. É significativo que, geralmente, aquelas verdades que pertencem à natureza do Espírito e do seu relacionamento com as outras coisas possam ser expressas em uma variedade de maneiras diferentes, todas corretas. Encontramos as mesmas verdades expressas de várias formas na mitologia e na filosofia de diferentes povos. Assim, o Gnosticismo, a Cabala, os mitos chineses e hindus são formas diferentes de olhar para a mesma coisa, e cada forma é igualmente válida. Esse é um ponto importante a se compreender. A Realidade age de forma múltipla, produzindo uma diversidade de efeitos. Por isso percebemos que no mundo de fenômenos existem tantas espécies diferentes de ação, todas recebendo seu ímpeto do Sopro Universal.

Esse Espírito único universal está em toda parte. Quando as formas se partem, as substâncias se desintegram e as entidades perecem, a autoexistência daquele Princípio supremo, unitário e onipresente não é afetada, pois é indestrutível.

Existem muitos versos na *Bhagavad-Gitā* que se referem à periodicidade da manifestação desse Espírito. Dizemos que o Espírito existe, que é imutável, que é único, que pode entrar em diferentes formas e ainda assim reter sua unidade. Todavia, há um fenômeno que é perceptível e para o qual não há explicação: há um período de atividade, de manifestação e autorrevelação, seguido por um período de recolhimento, de não manifestação.

> Todos os seres (...) entram em minha natureza inferior ao final de uma idade do mundo; ao início de uma idade do mundo, novamente Eu os emano. [XI. 7]

Uma idade do mundo é um período de atividade. Ao final, tudo retorna para aquela Origem da qual emanou. Então, em uma idade subsequente, Ele novamente os emana. Ele os emana ou a emanação ocorre de acordo com a Lei?

De acordo com os ensinamentos budistas, existe apenas a Lei Universal, que está acima de tudo e à qual tudo está sujeito, incluindo a manifestação periódica do Universo. Não estamos em posição de dizer se o Senhor emana os seres ou se eles são emanados por força da Lei que nunca varia e que não pode ser quebrada. Mesmo se dissermos que Ele os emana, por que a Vontade universal age de uma forma e em um tempo particular, e por que existe o movimento contrário, no final do processo que foi colocado em movimento por aquela Vontade?

Na filosofia hindu existe o conceito de um grande Ser que primeiro está ativo e depois em repouso. O período de atividade ou manifestação é o Dia de *Brahmā*, *Manvantara*; o período de repouso ou recolhimento é a Noite de *Brahmā*, *Pralaya*.

O Espírito é eterno e livre. Contudo, de alguma forma misteriosa, é o "éter onipresente", governa e reina dentro de cada individualidade particular.

> Assim como o éter onipresente não é afetado em razão de sua sutileza, assim estabelecido em toda a parte no corpo, o SER não é afetado. [XIII. 33]

"Éter", o substrato sutil de toda matéria, é uma translação da palavra sânscrita *Ākāsha*. O Ser que "não é afetado" é Sri Krishna. Quando pensamos nessa onipresença, nós a estamos abordando pela linha da matéria. Quando pensamos no Ser, estamos abordando do ponto de vista do Espírito.

> Mas aquele que conhece a essência das divisões das qualidades e funções (...) sustentando que "as qualidades movem-se em meio às qualidades" [quer dizer, em suas diferentes funções] não é apegado. [III.28]

Isso se refere à atitude do Ser que permanece como uma testemunha universal. É o gerador de ação e vida, mas não se envolve no movimento que a vida representa.

> Os contatos com a matéria (...) ao dar frio e calor, prazer e dor, vêm e vão, são impermanentes, suporta-os com bravura. [II.14]

O Ser (quer dizer, a Mônada, o Raio Eterno, a Luz Celestial que está dentro da consciência) chega a uma condição de simplesmente suportar as coisas. O Espírito coexiste com a matéria, mas o intelecto é o mediador entre eles, é ele que se identifica com a matéria. Portanto, precisamos chegar a um estado de pura coexistência, o que significa permanecermos à parte, não afetados; apenas observamos, mesmo enquanto agimos.

> Aquele a quem isso não atormenta, (...) o equilibrado e firme na dor e no prazer, está apto para a imortalidade. [II.15]

Isso não significa que alguém o examina, vê que ele possui qualificações e depois confere a ele um diploma de imortalidade. É o próprio homem que se prepara para a imortalidade.

> Deves estar acima destes três atributos. [II.45]

Os três atributos da matéria são ritmo, mobilidade e inércia; através do seu desempenho, inumeráveis sensações e estados são criados.

E então Sri Krishna fala do movimento de *Prakriti* e da sujeição a ela.

> Deves saber que a Matéria e o Espírito não têm início; deves saber também que as modificações e as qualidades são, em sua totalidade, nascidas da Matéria. [XIII. 20]

"A Matéria é eterna", diz *A Doutrina Secreta*. Como o Espírito, ela não possui começo. O que nos faz separar a substância única em matéria e espírito é apenas a observação da polaridade em ação.

Toda qualidade – todo desamor, toda amabilidade, toda harmonia, toda discórdia – tudo isso são fenômenos que surgem a partir da atuação das forças pertencentes à matéria.

> O Espírito, estabelecido na Matéria, usa as qualidades nascidas da Matéria; o apego às qualidades é a causa de seus nascimentos. [XIII. 22]

Tudo é consciente. Ser consciente é conhecer e experimentar, e esse conhecimento e experimentação é provar as qualidades da matéria. "Provar as qualidades" é a própria essência da manifestação e, portanto, não pode haver nada de errado nisso. Não é a experimentação que causa dificuldade; podemos experimentar de tudo e permanecer livres. Isso só é possível quando nos tornamos totalmente conscientes das amarras que podem ser percebidas através do apego da consciência a uma sensação particular. A consciência fica enredada na sensação, de modo que somos incapazes de atraí-la de volta. É como o inseto que enfia seu ferrão na nossa carne, fazendo com que se quebre ao tentar retirá-lo, e então sentimos aquela dor aguda. Nosso prazer é muito parecido com isso, porque é um prazer em uma condição de inconsciência. Mas, internamente, permanecemos livres quando somos capazes de experimentar e não desejar uma repetição. Se o prazer está presente, nós o experimentamos; do contrário, não buscamos por ele.

> Os prazeres que nascem do contato são, em verdade, ventres de dor. [V. 22]

Nós nos deliciamos por um tempo na sensação, e isso é seguido por uma reação.

Existe a saciedade e a depressão que a reação traz. Superamos isso gradualmente, e então há uma recrudescência do desejo e todo o ciclo se inicia novamente. Assim, os desejos e deleites que surgem através do contato com a matéria, mesmo os chamados deleites espirituais, são, na verdade, "ventres de dor". Experimentamos algo que nos agrada e nos tornamos apegados. Buscamos a repetição e sofremos se isso não ocorre. Todos os nossos contatos possuem um início e um fim. Portanto, precisamos nos libertar de todas as memórias, sejam dolorosas ou agradáveis.

> Mas o eu disciplinado, movendo-se entre os objetos dos sentidos com os sentidos livres de atração e repulsão, dominados pelo SER, segue para a paz. [II. 64]

Uma vez que a noção de "eu" surge do querer e do desejar, uma pessoa que se afasta dessas vontades age sem desejo, sem egoísmo, pelo bem de todos, não apenas por seu próprio bem e de sua família, amigos e aliados. Sua própria ação é, portanto, um sacrifício. Sua atitude interna é de entrega ao que nele há de superior, ao Supremo. Pois o *Logos* não é um lugar distante; está dentro de cada um e é apenas ali que pode ser compreendido. O *Logos* é você mesmo – é a sua própria natureza superior, melhor e mais bela. Não há diferença entre o *Logos* e o homem; quando você é o seu melhor, você conhece algo da Sua natureza. Entregar-se ao Supremo – no que há de melhor em você – é algo muito natural de acontecer. A entrega do que somos nunca é uma questão de privação. Quando renunciamos àquilo que é superficial em nós em prol do que é duradouro, experimentamos uma sensação de plenitude, nunca de privação.

Se vir algo bonito fora de mim, devo negar meus sentimentos em relação a isso? Devo me afastar e tentar encontrar a beleza apenas dentro de mim? Quando eu percebo a beleza fora de mim, isso significa que eu a toquei com a minha consciência, que eu me identifiquei de alguma maneira com aquilo e que, portanto, a beleza está na verdade dentro de mim. O que eu aprecio não é realmente a beleza exterior, mas a beleza que encontrou eco dentro de mim. Eu percebo que a beleza no exterior e a beleza no interior são a mesma beleza. Assim, o *Logos* está tanto em mim quanto nos demais – Ele está em toda a parte. Sri Krishna diz para Arjuna:

> O Senhor habita nos corações de todos os seres, (...) por Seu Poder ilusório. [XVIII. 61]

A palavra traduzida como "o Senhor" é *Ishvara*, que deriva da raiz *ish*, a qual significa "governar", "exercer uma influência através da qual alguém controla". Assim, o Princípio que eventualmente faz com que tudo fique sob seu domínio é o Senhor que "habita nos corações de todos os seres". A palavra "coração" implica a parte mais interna da consciência que pertence a todos os seres. Essa é a relação entre o espírito individual e o Espírito Universal único. Sri Krishna continua:

> Procura refúgio Nele para proteger todo o seu ser. [XVIII. 62]

Toda a natureza precisa se ajustar Àquilo que a sustenta, que é, por assim dizer, o centro do complexo que é um homem. Atualmente, esse centro é apenas parcial e muito inadequadamente expresso nos seres.

Quando o indivíduo compreende sua unidade, é como se a parte se unisse ao todo ou se rendesse a ele. Não significa refugiar-se no Senhor com um medo angustiante, fugir da Cidade da Destruição para se esconder em algum lugar seguro; significa que o indivíduo avança para um estado particular e ali repousa.

Eu, pessoalmente, acredito que as palavras da oração budista traduzidas como "refugio-me no Buddha, refugio-me na Lei, refugio-me na Ordem"[31] realmente possuem esse significado de repou-

---

31 O refúgio, no Budismo, tem a ver com mudar nosso estado de espírito. Isso significa aprofundar nossa compreensão sobre o que dá propósito à vida e o que pode nos trazer felicidade agora e no futuro. Em suma, o refúgio budista nos protege do sofrimento. Assim, no Budismo, buscamos refúgio nas Três Joias (*Buddha*, *Dharma* e *Sangha*). Fonte: https://studybuddhism.com. (Nota Ed. Bras.)

so. Não é um bem-sucedido ato de escapismo, de se salvaguardar dos perseguidores ou de influências invasoras; significa que atingimos um estado no qual repousamos em contentamento. Quando estamos em tal estado, não olhamos além ou desejamos qualquer outra coisa. Existe um outro refúgio digno do nome.

> Funde tua mente em Mim, sê Meu devoto, sacrifica a Mim, prostra-te perante Mim, chegarás a Mim. (...) és caro a Mim. [XVIII. 65]

Essas palavras possuem certo significado abstrato, impessoal; elas não descrevem um acontecimento externo. O que é colocado em forma de injunção é o que ocorre tão naturalmente quanto o correr de um rio para o oceano. O oceano não diz ao rio "funde-te em mim". A mente se funde naquilo que está além dela e com o qual ela está relacionada – seu próprio pai, e a fonte daquela consciência que é incapaz de se fazer sentir até que a mente a ela se renda, por sua própria vontade.

Quando a mente ou consciência se eleva para uma esfera diferente, percebemos a unidade com tudo o que é vivenciado nesse ato. Então a consciência se eleva em devoção e aspiração e, ao mesmo tempo, há um fluxo descendente do todo na parte, das influências que existem acima no canal que está apto a recebê-las.

Quando Sri Krishna diz "prostra-te perante Mim", não está exigindo uma submissão servil. Ele é o *Logos*, o espírito universal, e a Ele nos entregamos sem reservas. Não dizemos que vamos obedecer às suas ordens até certo ponto, desde que exista um contrato entre nós. "Chegarás a Mim", diz Sri Krishna. Ou seja, o "eu" é oferecido ao Ser, e o inferior e o superior se tornam um. Assim o *Yoga* é alcançado.

"És caro a Mim." "[Tu] és" significa a consciência humana, e "Mim", a Divindade. É a atração natural da humanidade por aquilo que é divino, e o Divino, por sua vez, tem certa inclinação em direção ao humano. Deus ama o homem, se assim você quiser se expressar. Assim como há um movimento natural da alma humana em direção àquilo que a irá satisfazer completamente, também há um movimento natural da parte do oceano da Verdade em direção ao canal pelo qual pode fluir. Nesse sentido, o homem – essa consciência que está igualmente relacionada com o Espírito e com a matéria – é caro Àquilo que procura preenchê-lo.

> O Senhor habita os corações de todos os seres (...). Procura refúgio Nele para proteger todo o teu ser. [XVIII. 61 e 62]

"Por Sua graça obterás a paz suprema." Procurar refúgio possui um significado profundo. Não quer dizer que um ser separado vá buscar proteção em algo fora dele mesmo. Ele encontra sua morada no *Logos*, ele mergulha nesse refúgio, tornando-se parte dele.

Quando a individualidade estabelece esse relacionamento interior com o *Ātman* que nela habita, então a mente, ou o intelecto, se funde com o Espírito do qual é uma criação. O intelecto se eleva a partir do fragmento divino dentro do homem e agora se torna aquela centelha divina.

Se pensarmos no Divino como Beleza, podemos questionar a necessidade da Beleza Absoluta por qualquer outra coisa. Se for Absoluta é autônoma, existe em si mesma e não necessita de nada para melhorá-la, aumentá-la ou elaborá-la. Entretanto, de outro ponto de vista, a Beleza necessita de um coração humano que seja capaz de amá-la, uma consciência que seja capaz de percebê-la, um meio através do qual possa se expressar.

Quando a Mônada humana sente essa afinidade com o Divino, desperta para o seu relacionamento com aquilo que está além ou interno; há uma atitude de entrega e de devoção.

> Quem não guarda má vontade para qualquer ser, amistoso e compassivo, sem apego nem egoísmo, equilibrado no prazer e na dor, e perdoando,
>
> Sempre contente, harmonioso, com domínio de si mesmo, resoluto, com a mente e a Razão consagradas a Mim, esse, Meu devoto, é caro a Mim...
>
> Aquele que nada quer, que é puro, experto, desapaixonado, imperturbado, que renuncia a todos os frutos da ação, Meu devoto, é caro a Mim. [XII. 13,14,16]

O devoto se torna parte de Seu ser; cada parte é atraída para o interior através de sua graça. A crença na deidade é espontânea, é um movimento que jorra do interior, por si mesmo. Esse é o verdadeiro significado da palavra "graça" ("vencerás todos os obstáculos por Minha graça"), mas as pessoas que possuem mentes materialistas entendem isso de uma forma diferente; pensam que precisam barganhar com Deus, bajulá-Lo e elogiá-Lo para obter Sua graça, e, ao final, a bem-aventurança eterna no céu. Deus está totalmente além da imaginação do homem, mas a natureza humana sempre degrada e materializa a verdade.

A consciência pura, que é livre de medo e servidão, torna-se uma com a verdade da qual emergiu.

O eu iludido pelo egoísmo pensa: "Eu sou o agente." [III. 27]

Esse é o entendimento da filosofia Sankhya, considerada por alguns como materialista. O Eu Divino, presente em todas as coisas, é a base dos movimentos nos diversos corpos.

A atitude de uma pessoa que age para o bem dos demais é de amigável igualdade. A essência do ensinamento ético da *Bhagavad-Gitā* é que devemos olhar para todos da mesma maneira, que nossa relação com todas as pessoas e todas as coisas deve ser fundamentalmente a mesma. Isso não quer dizer que não haja diferenças externas. Se dissermos que as relações devem ser idênticas em todos os casos, estamos simplesmente sendo dogmáticos. Eu posso conhecer uma pessoa melhor do que outra, e do meu conhecimento dela vai depender minha apreciação, e da minha apreciação vai depender a interação entre nós dois. Mas, embora possa haver diferenças externas, internamente, de uma forma real, existe um sentimento de absoluta igualdade.

Quando existe tal relacionamento, há alegria interna apesar das mudanças externas — o fluxo das circunstâncias, da honra ou desonra, elogio ou acusação, ganho ou perda. Mas, certamente, sentir a mesma coisa em todas as situações não é tão fácil. Você é apreciado e respeitado por muitas pessoas hoje. Mas suponha que amanhã acusações são feitas contra você, fundamentadas ou não, e você perca sua reputação e se torne uma pessoa insignificante aos olhos do mundo; você ainda será tão feliz, calmo e gentil quanto agora? Você sentirá a mesma coisa em relação à pessoa que fala bem de você hoje e contra você amanhã? Esse é o teste.

> Uma porção do Meu próprio SER, transformada no mundo da vida em um Espírito Imortal (...). [XV. 7]

Isso se refere a todo ser individual, por mais bruto, cruel ou feio que possa parecer na superfície. Essas coisas externas pertencem aos invólucros, ao condicionamento, às modificações às quais essa natureza fluídica está sujeita.

A relação do Espírito Imortal com esses espíritos individualizados é uma relação de igualdade; não há que se falar em parcialidade, em uma pessoa sendo mais apreciada ou favorecida que outra.

> Sou o mesmo para todos os seres, para Mim não há nada odioso nem querido. [IX. 29]

O relacionamento com todo centro através do qual a vida universal se manifesta é o mesmo. E por ser assim, Sri Krishna diz:

> De qualquer modo que os homens venham a Mim, Eu lhes dou as boas-vindas, pois são Meus todos e quaisquer caminhos que os homens possam tomar. [IV. 11]

Esse caminho é um caminho *interno*, não está em conformidade com um código externo nem segue um mapa que foi traçado por alguma outra pessoa. Precisamos dar o melhor de nós nesse caminho, e a vontade de fazê-lo tem que vir de dentro de nós mesmos.

A simbologia da montanha, com pessoas subindo a partir de diferentes pontos ao longo de suas encostas, tem sido usada para indicar a variedade de maneiras de se chegar ao topo, que é o objetivo espiritual. Uma pessoa pode subir pelo Leste, outra pelo Oeste, uma terceira pelo Sul e uma quarta pelo Norte. Podem estar em diferentes níveis, e a vista que cada um possui será diferente; entretanto, estão subindo ao mesmo tempo para uma atmosfera cada vez mais estimulante, e quando alcançarem o topo, todo o horizonte se abrirá diante delas, e elas poderão ver todos os pontos dos quais cada um partiu nessa jornada.

Cada um possui seu próprio caminho; falamos de caminho de conhecimento, caminho de ação, de sabedoria, de devoção. Mas, de fato, cada um de nós precisa saber, agir, ser sábio e ser capaz de dar o seu coração a algo.

> Os Sábios olham igualmente para um *brāhmana*, adornado com erudição e humildade, para uma vaca, para um elefante, e até para um cão e para um pária. [V.18]
>
> Aquele que, através da semelhança com o SER, (...) vê igualdade em tudo, seja agradável ou doloroso, é considerado um Iogue perfeito. [VI. 32]

"Aquele que Me vê em toda parte, e vê tudo em mim, Eu nunca o abandonarei." [VI. 30.] O Iogue é o homem que alcançou dentro de si a união do humano com o Divino. Ele sabe que Deus está em todas as coisas e ele ama Deus em todas as coisas. Algumas vezes não prestamos atenção a essas afirmações porque elas soam como lugar comum, e não percebemos sua beleza ou a profundidade da verdade nelas contida.

Se não podemos olhar igualmente para todas as coisas, podemos, pelo menos, ser os mesmos para com nossos superiores e inferiores, para com aqueles que nos amam e apreciam e aqueles que não o fazem.

> Quando um homem abandona todos os desejos do coração, (...) e se satisfaz no SER pelo SER, então se diz que ele tem mente estável. [II. 55]

Quando falamos do "ser", geralmente nos referimos às emoções e aos pensamentos que a ele associamos. Mas, em outro estágio de desenvolvimento, a palavra assume um significado totalmente novo. Esse é o motivo para que "o ser" seja usado, nos livros como a *Bhagavad-Gitā*, para indicar o *Ātman* Supremo, como também o ser substituto ou o ser sombra.

Então, temos essa afirmação:

> Aquele que é feliz interiormente, que se regozija interiormente, que é iluminado interiormente, esse Iogue, tornando-se o ETERNO, segue para a Paz do ETERNO. [V. 24]

Essa é uma felicidade interna que não tem origem em qualquer coisa externa. O Iogue é uma fonte de alegria dentro de si. Ele encontra aquela paz "que ultrapassa todo entendimento".

É preciso que o *Logos* seja visto, num certo sentido, como diferente da Natureza. A Natureza é a grande Profundeza sob as águas nas quais o Espírito Santo se reproduz no início. Sri Krishna é idêntico a esse Espírito que, embora sem forma, penetra todas as formas. As águas da Profundeza são transmutadas em todos os tipos de formas, compostas da mesma substância, mas manifestando qualidades diferentes. É a partir da Mãe Natureza que tudo, móvel ou imóvel, vem à existência.

Algumas vezes, as palavras em sânscrito que estão aqui apresentadas como "móvel" e "imóvel" são traduzidas por "animado" e "inanimado". Mas, embora existam graus e níveis de expressão, não há nada realmente inanimado no Universo, uma vez que tudo é vivificado pela Energia ou Espírito universal único.

Sri Krishna diz que "devido a isso (...) o Universo gira" ao redor Dele como seu centro. E cada parte autônoma do Universo também gira ao redor de seu próprio centro, que é um reflexo do Centro Universal. Onde quer que haja vida que possa ser distinguida como vida individual, existe um centro para a Energia Universal. Assim, existem tantos centros quanto formas e seres individuais.

Ou podemos dizer que existe apenas um Centro fora do tempo e do espaço, que, no espaço, localiza-se em uma infinidade de pontos. O Espírito, estando fora das três dimensões, deve estar igualmente relacionado – se relacionado de alguma forma – com cada ponto nessas três dimensões.

Essa é uma espécie de filosofia abrangente, da qual, a partir de algumas verdades fundamentais, somos capazes de deduzir o resto. Sabemos como, mesmo no desenvolvimento da ciência moderna, tem havido uma aproximação contínua, em direções diferentes, aos conceitos unificados e universais. Todo o empenho de Einstein foi para achar a fórmula que resumiria as várias leis que até então haviam sido descobertas. A teoria que ele formulou é chamada de teoria do campo unificado.

Pode ser que essa filosofia, que é baseada na existência de um princípio espiritual universal que age através da matéria de várias maneiras, seja a teoria final, pois ela unifica completamente todos os aspectos do conhecimento.

Embora exista esse Centro que não está em lugar nenhum e, entretanto, está em todo lugar, que representa as emanações da Divindade, as obras que são sua manifestação não limitam ou vinculam sua vida. Sri Krishna diz:

> Sendo sem princípio nem qualidade, o SER supremo e imperecível, ainda que estabelecido no corpo, (...) não opera nem é afetado. [XIII. 32]

Existem muitas ideias ou verdades contidas nessa frase. Aquele Princípio com o qual Sri Krishna está identificado é sem começo e sem fim; é eterno e atemporal. Assim sendo, estando fora do tempo e não sujeito às revoluções do tempo, o Ser Supremo (como aqui é chamado) é imortal.

A própria noção de um "ser" pertence a uma inteligência que compreende, que observa as coisas de um ponto de vista particular e as distingue de si mesmo.

Algumas pessoas fazem objeção à palavra "Ser" como tradução de *Ātman*. É claro que ela não denota um ser no sentido com o qual entendemos a nós mesmos, ou seja, um centro de consciência condicionada que possui um muro ao seu redor.

A ideia de Ser é a seguinte: a partir do um nível mais inferior, temos uma ideia de nós e do outro. Conforme avançamos interiormente, nossa noção de ser se altera de tal maneira que, em determinado nível, já não mais percebemos a distinção entre nós mesmos e os outros – ou, pelo menos, não sentimos a separação; simplesmente experimentamos a verdade de que a consciência deve possuir alguma espécie de localização ou "lar". Mas a consciência não está confinada neste lar, ela está livre para viajar e se mudar para outros lares.

No Plano *Búddhico* estamos em nosso próprio lar ou morada; ainda assim, podemos entrar em qualquer outra morada e experimentar o que há nela. Tal consciência, enquanto retém certa identidade, não está acorrentada. Exceto em um sentido filosófico, nós não indagamos quem somos porque, de certa forma, somos aquilo que éramos no momento anterior; existe uma conexão entre a velha forma de consciência naquele primeiro instante e a forma que ela assume agora. Existe certa continuidade, embora seja uma continuidade em um sentido e uma descontinuidade em outro. Nossa consciência atual não é o produto ou o resultado da consciência passada, pois a cada momento essa consciência surge renovada. Existe uma morte de um momento a outro, e, ao mesmo tempo, um renascimento e uma renovação. Como pode haver um riacho contínuo que, ao mesmo tempo, transporta a mais fresca e límpida água é um mistério que cada um precisa descobrir por si mesmo.

Portanto, se alguns declaram que há uma continuidade (o que significa que existe uma individualidade), existe verdade no que dizem. Se eu não fosse nesse momento aquilo que eu era no momento anterior, vocês não seriam capazes de me identificar; vocês estariam em um tipo confuso de país das maravilhas. O Universo não é assim. Ele veste seu traje familiar de rochas e árvores; as pessoas continuam a ter o mesmo aspecto e a falar a mesma língua. Há certa familiaridade que está sempre conosco; não estamos desligados das coisas em que podemos habitar familiarmente.

Mas, ao mesmo tempo, também é verdade que, quando a consciência se liberta de seus apegos anteriores, torna-se capaz de, a qualquer momento, alcançar o Não-Manifestado, extinguir-se, entrar em *Pralaya* e, contudo, quase que ao mesmo tempo, reemergir, renascer e se renovar em um novo brilho. Parece surpreendente que possa haver um contínuo morrer e renascer simultâneos, mas isso é regeneração e está na natureza do homem.

Em um sentido, a palavra "ser" deve ser entendida como um centro – um "ponto" dentro de nós que é restrito e limitado. Em nossa ignorância, colocamos um limite ao nosso redor e dizemos que todas as coisas ali contidas são "minhas"; eu estou estabelecido aqui, que ninguém ultrapasse meu terreno. Se possível, eu vou estendê-lo e cercá-lo ainda mais. Mas não é preciso ter essa atitude. Não é uma questão de definir uma determinada área; é uma certa manifestação de um centro que ocorre naturalmente.

Portanto, essa palavra "ser" deve ser entendida não como o grosseiro centro de egoísmo com o qual é geralmente identificada, mas como algo mais. Há uma continuidade, e existe um centro onde nos encontramos, mas essa continuidade e esse centro não nos delimitam nem excluem os demais.

Este Ser é capaz de se manter distanciado e continuar completamente puro. É como a luz que cai sobre todas as coisas e, ao mostrar suas cores e formas, tornam-nas visíveis. Sem luz não pode haver cognição das coisas no plano físico.

A luz cai tanto sobre o imundo quanto sobre o puro, e não é manchada por isso. Existe uma natureza de consciência pura que pode ser descoberta dentro de nós, e que pode ficar a par de tudo – bom, mau, feio, belo –, mas ela própria permanece imaculada e incorrupta. Essa é uma verdade profunda, mas bastante compreensível, e podemos descobri-la por nós mesmos.

> Embora [sendo] inato, o SER Imperecível, e também Senhor de todos os seres que planeja a natureza, que é Minha, ainda assim Eu nasci através de Meu próprio poder. [IV. 6]

O Ser é chamado de "Senhor" porque ele governa internamente, de um modo sutil, os movimentos que ocorrem na forma que ele habita. O Ser está em todos e, embora não governe completamente no início, exerce certo controle. Mas, gradualmente, esse governo se torna bem estabelecido dentro de nós, de forma que o Governante Interior Imortal comande seu reino completamente.

O Governante Interior está em todos nós, mas nós ainda somos capazes de todo tipo de movimentos erráticos; nós estamos, consciente ou inconscientemente, em rebelião contra Ele, e Ele governa um reino que ainda não está completamente sob seu domínio. Algumas vezes nós nos ressentimos de sua lei, e gostamos de transgredi-la se ninguém estiver olhando. Não gostamos de estar limitados por uma lei tão perfeita e inviolável. Teoricamente, todos desejamos um estado ou ordem fora de nós, mas essa ordem não pode ser externamente estabelecida até que, de alguma forma, tenha se estabelecido internamente. No final, não haverá nenhuma ordem exterior, exceto na medida em que seja um reflexo de uma ordem interna que aceitamos. Pode haver uma ordem externa que nos obrigue, mas que, cedo ou tarde, como qualquer tirania ou compulsão, terá um fim, caso não seja aceitável para as pessoas às quais é direcionada.

Eventualmente, portanto, o Governante Interior Imortal entra em seu reino e ali se estabelece; seu governo se assenta no consentimento sincero e ansioso de todos os elementos que o compõem.

Notem que a palavra "planeja"[32] poderia ser substituída por "repousa" ou "se assenta".[33] Se a Consciência Divina não repousasse sobre a Natureza, esta seria rudimentar e vazia, ignorante e mecânica. "Repousando sobre a Natureza, que é minha", podemos fazer

---

32 No original em inglês: *brooding over*. (Nota da Tradutora.)

33 No original em inglês: *rest upon*.

uma distinção entre aquele Ser Divino e a matéria em todos os seus aspectos, mas até mesmo a matéria, que é Ele próprio, não é menos divina que o Espírito, no sentido de que o Não-Manifestado inclui tanto matéria quanto Espírito.

Se existe um Princípio Divino que está em toda parte, ele deve operar através de uma ação que ocorre entre duas pontas ou polos. Em uma ponta é a energia divina, e, na outra, o princípio de limitação e condicionamento que está representado pela matéria. Há, portanto, uma energia que se manifesta, mas a manifestação implica definição, particularidade, limitação, e o verdadeiro princípio da limitação é a matéria.

"Embora [sendo] inato (...) Eu nasci através de Meu próprio poder" parece uma afirmação paradoxal. Ele é realmente inato; o contato com a forma é um mero toque, mas é suficiente para conferir à forma certo impulso através do qual a forma age. Sua manifestação é sempre através das formas. Sem forma não há manifestação, seja física, mental ou em qualquer nível. Para haver manifestação é necessário algo aparente ou concebível para a consciência.

"Eu nasci através do Meu próprio poder" indica que Ele não nasceu por compulsão. Nós nascemos através da compulsão de forças, sejam elas quais forem. Essas forças podem ser psicológicas, psíquico-físicas ou de qualquer outro tipo, mas, a não ser que certas forças sejam aplicadas ou ajam sobre certos pontos, o efeito ou evento não pode ocorrer.

Um homem nasce porque certas forças operam para trazê-lo à luz. E ele nascerá repetidamente se, nesse meio tempo, as forças não forem extintas; elas continuarão a agir de acordo com a recorrente lei da Natureza, produzindo novamente o fenômeno do nascimento. Essas forças, que são principalmente psíquicas, mas, ao mesmo tempo, possuem efeito físico, operam automaticamente para produzir o mesmo resultado. Eu devo nascer novamente pela mesma razão que nasci agora. Algo aconteceu para gerar meu nascimento atual, e a mesma coisa provavelmente acontecerá na próxima vez.

A palavra sânscrita para "poder" é *māyā*, que também significa "ilusão". Diz-se que todo Universo fenomênico é ilusório. Essa ideia de ilusão já foi muito discutida em diferentes escolas de filosofia. Sri Krishna fala dela como "esta minha ilusão divina" [VII. 14]. É ilusão por ser efêmera, um momento aqui, no outro não mais. Da mesma forma, todo fenômeno que constitui a manifestação, ou todo processo do Cosmos, é uma ilusão, porque é apenas uma força passando por modificações constantes. Era real em um momento, mas, no instante seguinte, é como se nunca houvesse existido.

Em vez de "ilusão", podemos dizer que é um mistério, que produz certo efeito sobre nossa consciência, mas nós somos incapazes de compreendê-lo.

É muito difícil compreender a natureza dessa Unidade que está no próprio coração dos seres, que é dinâmica e criativa; sendo uma infinidade em si mesma, é capaz de se manifestar de muitas maneiras diferentes. A matéria na qual a Unidade está refletida muda de um momento a outro. Tudo no mundo fenomênico é um estado de fluxo; nada permanece como era por dois segundos. Nós não percebemos essa constante mudança porque nossa consciência é desacelerada de tal maneira que o filme que passa diante de nós fica em câmera lenta.

Se nossa visão fosse abrangente o bastante, descobriríamos que tudo mudou e está mudando. O centro é um mistério, pois é impenetrável. Na circunferência tudo está em processo de mudança, e a relação entre o centro e um ponto na circunferência também está mudando. Todo o processo é altamente complexo e desconcertante para o intelecto.

> Esta minha ilusão divina, causada pelas três qualidades, é difícil trespassar; aqueles que vêm a Mim atravessam essa ilusão. [VII. 14]

As qualidades da matéria também se aplicam à consciência, que partilha tanto da natureza do Espírito quanto da matéria; existe certa correspondência entre o funcionamento da consciência e o funcionamento mecânico da matéria. As qualidades de inércia, ritmo e mobilidade, que operam no campo da matéria, também operam de forma correspondente no campo da consciência.

Sri Krishna diz: "Aqueles que vêm a mim [quer dizer, aqueles que vêm ao coração, ao centro] atravessam essa ilusão"; ou seja, eles atravessam para além da possibilidade de serem afetados pelas mudanças fenomênicas que produzem esses efeitos ilusórios. Quando a consciência atravessa a ilusão, passa a conhecer o que é divino, o que está no coração da Natureza, o que é espiritual no verdadeiro sentido.

Não pode haver filosofia verdadeira sem uma orientação prática e direta sobre o nosso pensamento e sobre a nossa atitude com relação a tudo na vida. Nossa compreensão de nós mesmos, de nossos semelhantes e de nosso relacionamento com eles, nossa atitude com relação à separação e à união, ao prazer e à dor nos afeta interna e profundamente, e, portanto, de forma mais direta. Dessa forma, a filosofia, no verdadeiro sentido da palavra, é mais prática que muitas das coisas da nossa vida mundana e que nos afetam apenas superficialmente.

A *Bhagavad-Gitā* é descrita como uma escritura de *Yoga*. *Yoga* não significa apenas exercícios físicos, como geralmente é compreendida. Na realidade, significa esforço, união, e, algumas vezes, é traduzida como "dominar-se através do esforço". Refere-se tanto ao objetivo quanto ao método com o qual o objetivo é alcançado.

A união a que nos referimos é aquela entre o eu individual e o Eu Supremo, e consiste em uma compreensão da unidade essencial. Para alcançar isso, precisamos deixar de nos identificar com nossa natureza adquirida, que nos foi imposta pelas influências do nosso ambiente. Precisamos compreender essa ideia – de que há uma consciência na qual a noção do eu surge, e que há uma natureza que é adquirida e que depende de um ambiente particular ao qual, por enquanto, esse eu está relacionado.

De certa forma, é verdadeiro que cada um de nós seja uma criação de nossas circunstâncias. Se tivéssemos nascido em um conjunto de circunstâncias inteiramente diferente, e criados de forma diferente, também seríamos, em grande parte, pessoas muito diferentes. É claro que essencialmente seríamos os mesmos, pois existem alguns elementos em cada um de nós que não são afetados pelas circunstâncias e condições nas quais nos encontramos; eles permanecem intocáveis e, portanto, incorruptíveis.

Assim, existe uma distinção entre o Eu, ou consciência pura, e aquela natureza que é adquirida. Essa natureza é como uma camada que o Eu simula; a camada se ajusta tão perfeitamente que a consciência quase não percebe a distinção entre ela e si mesma.

O *Yoga* requer como base, primeiramente, o reconhecimento da diferença entre o Eu e a natureza adquirida. Nós distinguimos a Natureza externa, as árvores e assim por diante, de nós mesmos, mas os problemas que experimentamos surgem ao nos separarmos da vida mais abrangente.

De acordo com a filosofia da *Bhagavad-Gitā*, nossa natureza adquirida – física, mental e emocional – é movida por três forças chamadas *sattva*, *rajas* e *tamas*, ou ritmo, mobilidade e inércia. No que diz respeito à consciência humana, *sattva* é um estado harmonioso, rítmico; *rajas* é paixão, raiva, os vários impulsos de expressão; *tamas* é autocontrole coeso, fechado, insensível, inconsciente.

Como a consciência se apega ou se estabelece em uma natureza particular? Todo apego é através do desejo; isso é apego em uma forma ativa. Por exemplo, eu experimento uma sensação prazerosa, então fico apegado a ela; quando o apego se torna ativo, eu quero aquela sensação. Mesmo quando não está ativo, o apego ainda está presente. Assim sendo, é o desejo que trabalha através dos sentidos e faz com que a consciência se identifique com sensações e experiências em particular. Esse desejo de experiências ou sensações rapidamente se incendeia na forma de raiva quando é frustrado. Se alguém atravessa o nosso caminho ou nos impede de obter o que queremos, o ressentimento surge imediatamente.

Assim, tanto o desejo quanto a raiva dão vida a várias ilusões e pensamentos caprichosos. Quando tememos que algo possa acontecer conosco, toda sombra se transforma em um ladrão, e suspeitamos dos mais inocentes movimentos por parte das outras pessoas, temendo que elas estejam tramando para nos privar daquilo que temos ou queremos ter.

Aquele que busca trilhar a Senda do *Yoga* e se identificar com o Eu Supremo – com o todo do qual ele é parte – deve vencer a ilusão de que é separado do Eu ou Vida Universal Una. Ele precisa se afastar da ação dos sentidos a fim de estudá-los, ficar atento a eles, compreendê-los. Quando estamos conscientes de uma ação, quando realmente prestamos atenção a ela, nós a compreendemos do início ao fim.

A identificação com aquilo do qual somos uma parte, e sempre fomos uma parte, toma a forma de devoção. Devoção é a ação da parte que se funde com o todo. É o que um rio deve sentir quando flui para o oceano – ou pode sentir que o oceano flui para ele. Quando há devoção, experimentamos as forças que fluem para nós, mas nosso objetivo consciente é avançar na direção do todo.

Essa identificação demonstra a qualidade de sabedoria, pois a parte deixa de agir separadamente do todo. Ela age com um senso de unidade com os outros seres e com total compreensão. A ação a partir do centro interno de uma pessoa é inteligente e simplificada; resolve todos os complexos e não inclui ou vincula aquele que age. Em outras palavras, é uma ação livre e libertadora.

Vimos que o Ser Uno é indestrutível, e que somente os corpos são temporários e sujeitos à dissolução. Do ponto de vista da Vida Una, não existe na realidade nascimento ou morte, pois ela existe eternamente, fora dos limites e limitações de espaço e, portanto, fora dos corpos.

A pessoa real não é aquilo que sobrevive à morte do corpo, pois aquilo também está sujeito à dissolução. E há, é claro, a reencarnação. "Assim como o morador do corpo experimenta no corpo a infância, a juventude e a velhice, do mesmo modo ele passa para outro corpo." [II.13.] E Sri Krishna diz:

> Ele não nasce nem morre, por não ter sido criado, jamais cessa de ser; perpétuo, eterno e prístino, não é morto quando o corpo é sacrificado. [II. 20]
>
> Os seres são não manifestados em sua origem, manifestados em seu estado intermediário (...), de modo semelhante são não manifestados em sua dissolução. [II. 28]

> Aqueles que, em verdade, Me adoram com devoção, estão em Mim e Eu também neles. [IX. 29]

A relação de Sri Krishna com toda a criação, seja um corvo, um ser humano, um *deva*, é fundamentalmente igual. "Sou o mesmo para todos os seres." Mas, quando uma pessoa percebe sua relação com o ser ou princípio interno, ela também diz: "Eles estão em mim e eu neles." "Aqueles que Me adoram com devoção" significa adorar com toda a sua natureza, todo o seu coração. Não significa colocar flores diante de uma imagem no templo; devoção é uma orientação interna.

Ele é, por assim dizer, um polígono com um número infinito de lados, dos quais cada ser humano representa um. Assim, cada pessoa possui sua própria relação única com aquela Vida central.

> O habitante no corpo é o Eu Uno.

Esse é o Eu verdadeiro no homem, mas também existe a entidade ou ego reencarnante. Não sei se devemos chamá-lo de destrutível ou indestrutível; ele possui uma espécie de mortalidade condicional, como diz HPB, porque aquilo que é indestrutível é autoexistente. Não é a forma, pois aquilo que teve um início no tempo precisa ter um fim. O verdadeiro "habitante" é o Eu Uno. Todos os corpos – astral, mental, tudo o que foi formado – precisam ter um fim. Apenas o que é sem forma não é suscetível à destruição. O homem interno não nasce nem morre.

Há o mundo da matéria e um corpo através do qual nós entramos em contato com esse mundo. É por meio do corpo e de seus órgãos que podemos identificar as coisas que nos são externas – escuridão e luz, integridade e corrupção, doce e amargo. A *Bhagavad-Gitā* ensina que o homem sábio aprende a suportar sem reclamação as circunstâncias mutantes do mundo exterior. Sua consciência pacífica não recusa nada; não está na defensiva, recebe os impactos e mudanças do mundo mas os deixa passar sem reagir a eles. O eu interno compreende as trocas entre suas vestes ou corpos, e o mundo externo com as quais estão relacionadas, enquanto permanece como uma testemunha silenciosa.

Nesse estado puro, apenas somos conscientes do que está acontecendo. Mas, no momento em que reagimos, modificamos e reduzimos esse estado; nossa consciência é quebrada, diminuída, e a luz do Eu é reduzida. O homem que não está apegado simplesmente percebe a luz que a tudo banha e que nada pode conter.

> Até o homem de conhecimento comporta-se em conformidade com sua própria natureza; de que vale reprimi-la? [III. 33]

Agimos de acordo com a nossa própria constituição e com os nossos relacionamentos. Podemos sair ou superar as tendências da nossa natureza, mas apenas se as compreendermos. Porém, se as suprimirmos, se tentarmos escondê-las, elas retornarão inevitavelmente, com violência dobrada.

Se um homem está repleto de paixão sexual, pode suprimi-la por algum tempo, mas, quando há uma oportunidade e suas defesas se enfraquecem, seu desejo se afirmará ainda mais forte do que antes. Se ele compreender isso, poderá deixar o desejo ir, poderá contê-lo suavemente. No campo da consciência, podemos nos libertar daquilo que compreendemos, e não haverá mais domínio sobre nós. Todo o objetivo daquela sensação ou tendência é satisfeito e se desvanece; não temos mais nada a ver com isso.

> Os contatos com a matéria, (...) ao dar frio e calor, prazer e dor, vêm e vão, são impermanentes; suporta-os com bravura. [II. 14]

Precisamos suportar, mas a questão é não suportar de má vontade, deixando as coisas piores que no estágio anterior. O homem que diz "deixe as ondas baterem, eu me mantenho sobre a rocha" é sábio.

Muitos dos nossos problemas surgem a partir da forma com a qual os encaramos. Suponha que fiquemos sujeitos a um mal-entendido e sejamos criticados por algo que fizemos, ou que não fizemos; se deixarmos todas essas coisas passarem, se compreendermos aqueles que nos criticam, é como se nada tivesse acontecido, até onde nos diz respeito. Por outro lado, podemos demonstrar ressentimento e ficar profundamente envolvidos, colocando-nos em posição ainda pior.

Existe uma maneira de levar as coisas mais levemente. Tudo depende da ação da mente; precisamos entender como as coisas acontecem e o porquê.

Sri Krishna prossegue:

> Aquele a quem isso não atormenta, (...) o equilibrado e firme na dor e no prazer, está apto para a imortalidade. [II. 15]

Não é fácil compreender ou obter o equilíbrio. A palavra "imortalidade" denota a união com o Eu Supremo, que é imortal.

Novamente, Sri Krishna recomenda a Arjuna:

> Deves estar (...) além dos pares de opostos, sempre firme na pureza, indiferente às posses, pleno do SER. [II. 45]

Quer dizer, os atributos ou formas de energia precisam ser suportados e assim transcendidos. Todas as mudanças que acontecem pertencem ao campo da matéria, e, portanto, o homem pode se elevar acima delas ou transcendê-las.

Uma pessoa que deseja fortemente uma bebida será, inevitavelmente, arrastada para um lugar onde possa satisfazer sua vontade. Do mesmo modo, o desejo de vários tipos de experiências dirige a consciência reencarnante para tais experiências.

> Os prazeres que nascem do contato, são, na verdade, ventres de dor, pois eles têm início e fim. (...) Neles não pode regozijar-se o sábio. [V. 22]

A maioria das pessoas deseja os prazeres que nascem do contato com pessoas e coisas. Tais prazeres podem parecer bons por um momento, mas, se nos apegarmos a eles, querendo cada vez mais, sofremos com a dor, a frustração e o desapontamento quando não podemos obtê-los, e sentimos que a vida não nos traz alegria. Se formos sábios, mesmo quando desfrutamos das coisas – e não há nada de errado nisso – precisamos ter o cuidado de não nos apegarmos a elas; é a dependência que causa problemas.

Não deveríamos *buscar* o deleite, não deveríamos planejar ou inventar meios de experimentá-lo. Aquilo que recebemos sem procurar é melhor. É maravilhoso aceitar as coisas como elas nos chegam, e não pedir mais. Esse é o verdadeiro *Yoga*.

Qual é o resultado do desapego ao desejo? Sri Krishna diz a Arjuna:

> Alcança a Paz, aquele em quem todos os desejos fluem como os rios fluem para o oceano, que está cheio de água, mas permanece imóvel. [II. 70]

Não desejar nada não significa que não devamos ter um certo número de posses; significa que não devemos nos apegar a elas.

> Igual para com inimigo e amigo, e também na fama e na ignomínia, igual no frio e no calor, nos prazeres e nas dores, destituído de apego.
>
> Aquele que toma por igual o elogio e o vitupério, silencioso, totalmente contente com o que sobrevém, sem lar, com mente firme, cheio de devoção, esse homem é caro a Mim. [XII. 18 e 19]

Existe um estágio na senda espiritual no qual o homem é chamado de "o peregrino". Isso não significa que ele esteja vagueando por aí sem objetivo, mas que ele não está amarrado; ele é livre como um pássaro no ar.

A ética prática da *Bhagavad-Gitā* está baseada em um estado de liberdade interior. Nossa condição não é a insensibilidade nascida de *tamas* ou inércia; é, ao contrário, um estado de simpatia, maleabilidade, sensibilidade, para respondermos imediatamente ao mais leve chamado ou empolgação. Não oferecemos qualquer resistência, e, assim, permanecemos os mesmos. Os fatores opostos somente agem quando oferecemos resistência, e é isso que cria as complicações, que dá uma reviravolta na nossa natureza, reviravolta da qual temos de nos libertar depois.

> É o desejo, é a ira originada pela qualidade do movimento, que tudo consome, que tudo polui; conhece-o como nosso inimigo aqui na Terra. [III. 37]

Uma pessoa estabelece um objetivo e pretende alcançá-lo. Ela pode querer um copo de alguma coisa para beber, ou pode querer sexo, ou uma posição na vida — seja ela qual for —, e se isso lhe é negado, ela se enfurece. Até mesmo uma consciência não desenvolvida é capaz dessas reações. Vemos isso em uma criança; se deixamos de dar aquilo que a criança quer, ela explode em ressentimento e tem um ataque de birra. Vemos isso em um cão; alguém se aproxima de seu dono e o cão late furiosamente porque tem ciúme de seu relacionamento com seu dono, sua casa, suas posses. Ciúme, desejo, ressentimento são reações fundamentais que precisamos compreender e, assim, nos livrar delas.

Quando um homem está livre de desejo, ele está livre da escravidão; nessa liberdade ele encontra a maior das alegrias e a mais pura das bem-aventuranças, transcendendo qualquer coisa que ele já tenha conhecido. Mas, quando obtém esse desapego perfeito, ele não deixa de agir.

> Tal como o ignorante age por apego à ação, (...) do mesmo modo deve o sábio agir sem apego, desejando o bem-estar do mundo. [III. 25]

Tal homem *deve* agir, pois ele sabe que não pode se manter à parte das outras pessoas. Sua atividade é motivada por certas forças internas; a ação se torna uma necessidade da sua natureza e já não há mais qualquer pensamento sobre sua própria libertação.

Tal ação, que surge do desejo pelo "bem-estar do mundo", é a única ação possível para ele.

A frase "bem-estar de todos os seres" é usada em vários lugares na *Bhagavad-Gitā*. Por exemplo:

> Os *Rishis*, com seus pecados destruídos, com sua dualidade eliminada, com seus eus controlados, concentrados no bem-estar de todos os seres, obtêm a Paz do ETERNO. [V. 25]

Então, Sri Krishna diz a Arjuna:

> Tua missão consiste somente na ação, nunca nos seus frutos; portanto, não deixes que o fruto da ação seja o teu motivo, nem te apegues à inação. [II. 47]

Não devemos desejar aquele fruto que pode ser apreciado apenas por nós mesmos, ou mesmo desejar o crédito por uma ação. Se agirmos para ser apreciados, tal ação, de um ponto de vista superior, está contaminada.

Geralmente, o homem não quer se mover; não quer ser perturbado ou apartado de seu conforto. O apego a uma condição particular física, mental ou emocional, é indolência. Existem muitas pessoas que se imaginam desapegadas da ação, mas apenas são preguiçosas.

Arjuna pergunta pelos sinais de que um homem se desapegou das sensações do mundo da matéria e do desejo pelo fruto da ação. Assim, esse homem é descrito:

> Equilibrado no prazer e na dor, autoconfiante, aquele para quem um torrão de terra, uma pedra e ouro são a mesma coisa, o mesmo para o amado e o não amado, firme, ele mesmo, na censura e no elogio. [XIV. 24]

Quando um homem é bem-sucedido, ele está repleto de bom humor; é agradável para com todos, e a maioria das pessoas o veem como alguém feliz e virtuoso. Até mesmo um tigre pode ser brincalhão quando está contente. Mas, quando um homem é infeliz, ele se isola dos demais, mantendo-os à distância.

Sri Krishna declara que o *Yoga* da ação é melhor que a renúncia da ação. Ele diz que o Iogue deve ser conhecido "como um asceta perpétuo, que não odeia nem deseja; livre dos pares de opostos, facilmente se liberta da escravidão" [V.3.].

O propósito do homem deveria ser o de se elevar acima da servidão do *Karma*, aquela rede que é criada pela ação e reação, e o jogo de forças que provoca a reencarnação. Há muita coisa sobre isso na *Gitā*.

> A perfeição humana é alcançada quando cada ser se aplica ao seu próprio dever. Escuta [agora] como a perfeição é conquistada por alguém aplicado ao seu próprio dever.
>
> O homem, adorando em seu próprio dever Àquele donde provém a emanação dos seres, e por quem tudo isso está impregnado, conquista a perfeição. [XVIII. 45 e 46]

Enquanto buscamos a perfeição através da ação, enquanto buscamos trilhar a senda para o Supremo, devemos nos preocupar com o bem-estar do mundo; devemos, nas palavras de HPB, manter "uma mira constante no ideal do progresso humano e na perfeição". É muito difícil agir e renunciar aos frutos, e muitas pessoas falham. Muitas coisas podem não ter sucesso a princípio, mas nenhuma tentativa é perdida. Não devemos julgar nada por suas falhas, mas julgar se são boas por si mesmas e apropriadas às circunstâncias.

"*Yoga* é habilidade na ação." [II. 50.] Em vários lugares, Sri Krishna fala sobre a necessidade de agir. O processo de afastamento ou desapego foi muitas vezes confundido com o deixar de agir, com um afastamento de tudo que pertence ao mundo. Mas Sri Krishna diz que nunca devemos deixar de agir, pois mesmo se estivermos totalmente ociosos no corpo, ainda estaremos ativos em nossos pensamentos.

> Tal como o ignorante age por apego à ação (...), do mesmo modo deve o sábio agir sem apego, desejando o bem-estar do mundo. [III. 25]

Esse é o único motivo que tem valor — o bem-estar do mundo, de todos os seres.

A perfeição pode ser obtida através da ação; "tendo também em vista o bem-estar do mundo, deves cumprir a ação" [III. 20]. Essa é a ação que não possui complicações *kármicas*.

Quando atingimos um estado mental no qual podemos sempre fazer o que é correto fazer, e ficamos indiferentes aos frutos da ação, nos livramos da maioria dos nossos problemas e das nossas dores. Assim, diz Sri Krishna: "Cumpre a ação, (...) habitando em união com o divino, renunciando aos apegos e equilibrado igualmente no sucesso e no fracasso; o equilíbrio é chamado *Yoga*." [II. 48]

Muitas pessoas que são atiradas de lá para cá por autoridades em conflito. Precisamos raciocinar sobre essas coisas por nós mesmos. Se apenas aceitarmos o que alguém diz, estaremos sempre em conflito. Podemos ouvir o outro respeitosamente e com interesse, mas não devemos citá-lo cegamente. Existem muitos problemas práticos para resolver; por que criar problemas metafísicos?

Quando olharmos para diferentes filosofias, que o façamos desapaixonadamente, e não com qualquer posição preconceituosa. A verdade virá até nós naturalmente quando não estivermos comprometidos com um ponto de vista particular, muito menos com um que compreendemos de forma imperfeita. Nosso esforço deve ser o de manter uma mente aberta, tentar ver até onde algo pode ser verdadeiro e deixar assim. A Dra. Besant, C.W. Leadbeater ou H.P. Blavatsky talvez tenham dito algo que pode realmente ser a verdade sobre aquele assunto, mas, até que se torne a verdade para mim, eu só posso dizer que não sei. Isso não é falta de respeito por esses grandes seres; é apenas o reconhecimento da minha própria ignorância e limitação. Não devemos ousar declarar uma verdade que não tenhamos compreendido por nós mesmos.

Todas essas realidades distantes só podem ser vagamente compreendidas. Mas há alguma virtude mesmo nessa compreensão; eu prefiro viver com as tênues e distantes estrelas que viver sem estrela nenhuma. Abrimos nossa inteligência e percebemos certas verdades, e, quando isso acontece, não precisamos dizer que é tudo que há para perceber. Eu penso que há uma boa dose de virtude e honestidade em apenas dizer que eu percebo o que percebo.

Podemos somente tentar compreender essas questões, percebendo nossas limitações; não poderemos nunca dogmatizar sobre elas. Na mesma medida em que nos sentimos certos, estamos errados. Quando compreendemos um pouco, a mente deve permanecer na mesma atitude de quando tentava compreender.

A *Bhagavad-Gitā* nos apresenta um mundo de pensamento particular, colocado de uma forma diferente daquela com a qual normalmente encaramos as coisas. É uma afirmação da verdade, valiosa porque qualquer afirmação da verdade é valiosa. Não podemos dizer que era adequada para o tempo no qual foi escrita, mas que agora não é. Certamente foi escrita em uma forma compreensível para aqueles tempos, mas podemos perfeitamente compreendê-la hoje, mesmo que Sri Krishna não tenha falado sobre elétrons e prótons. Podemos nos perder em complicações que são geralmente superficiais ou podemos captar a verdade fundamental nela contida.

> Assim, te declarei a sabedoria, mais secreta que o próprio segredo; após refletir plenamente neste, atua como queiras. [XVIII. 63]